2
現代保育内容研究シリーズ

保育の内容と方法

現代保育問題研究会[編]

まえがき

　わが国で保育内容が最初に公的な文書で示されたのは、1948年に刊行された「保育要領（試案）」である。戦後間もない時期でもあり、現在の幼稚園教育要領や保育所保育指針に比べ、非常に細かい内容にまで触れている。その後、最初の幼稚園教育要領が1956年に告示され、1965年には保育所保育指針が初めて刊行される。その後、改訂・改定を繰り返し、現在最も新しい幼稚園教育要領、保育所保育指針、幼保連携型認定こども園教育・保育要領が2017年に告示され、翌年より施行される。要領や指針に示される保育内容は、その時代の社会的背景を反映しており、乳幼児にどのような保育を提供し、どのように育って欲しいか、という願いが込められているものである。そのつもりでかつての要領や指針を読むと、日本の「保育の質」は決して悪くはなかったのではないかと感じる。むしろ、真面目に、丁寧に子どもと向き合い、その時代の子どもを健全に育てようとしていた保育者の姿が透けて見えてくるようである。時代背景が違えば社会が求める子ども像も変化するため、紆余曲折はあるものの、その時代の保育、教育の研究者が知恵を出し合って保育内容を考えていたのであろう。

　昨今の日本で待機児童問題に触れる際、必ず問われるのが「保育の質」である。待機児童を無理やり解消しようとするあまり、乳幼児にとって好ましくない物的・人的環境となり「保育の質」が低下する恐れがある、という警鐘が多くの専門家から鳴らされている。全くその通りで、箱を作って押し込めるような物的環境では、健全な発達は保障できないだろう。同時に、促成栽培のように育成した保育者、最新の保育内容を学んでいない潜在保育士により構成される人的環境にも不安を抱く

のである。なぜなら、保育とは人を育てる営みであり、哲学であり、科学でもあるからである。保育現場で子どもと関わる保育者は、常に自らの保育を検討し、時代を見据えた保育内容、保育の知識や方法を備えておく必要があるだろう。同時に、変わらない保育の基礎・基盤についても、確実に自分のものとしておいてほしい。行政や時代の流れに左右されず、愛情を基盤として子どもを理解し、子どもの成長を支える保育者でなければならないのである。

　しかし、保育者養成校での学びは科目ごとに授業が構成されているため、学びを統合することが難しい場合がある。そこで本書は、1冊で保育の基礎や内容、保育方法を見渡せるような構成としている。第1章では保育者として知っておくべき最重要事項である、子どもの発達について述べ、第2章では、その成長・発達を十分に促すために重要となる教育課程や指導計画について触れている。第3章から第9章については、2017年告示の幼稚園教育要領、保育所保育指針、幼保連携型認定こども園教育・保育要領の内容を踏まえ、各領域の意義を述べている。第10章では保育全般の方法論について、第11章で障害のある幼児に関する保育方法について述べている。ここまでは、現代の保育の基礎となるべき内容としてまとめている。さらに、第12章では、最新のＩＣＴ機器を保育にどのように取り込むか、その方法について提示している。

　本書が、保育の基礎を広く学ぶ学生や、新人保育者、また、最新の保育内容や保育方法について学びたいと考える保育者に役立つことができれば幸いである。

　最後に本研究会として、本書の企画をサポートし、後押しし、率先し

て刊行にまで導いて下さった一藝社の菊池公男社長、常務取締役の小野道子さんに心から感謝の意を表すこととしたい。

 2018年2月

　　　　　　　　　　　　　　　　　　編者　現代保育問題研究会

保育の内容と方法 ● もくじ

まえがき……3

第1章 こどもの心身の発達……9

第1節 子どもの心の発達
第2節 子どものからだの発達

第2章 教育課程……19

第1節 教育課程とは
第2節 三法令に示されるカリキュラムの取り扱い
第3節 教育課程・保育課程の必要性
第4節 編成の基本

第3章 領域「健康」……29

第1節 子どもの健康
第2節 領域「健康」
第3節 健康課題

第4章 領域「人間関係」……38

第1節 社会の現状と子どもたち
第2節 幼稚園教育要領　領域「人間関係」

第5章 領域「言葉」と教育課程……*46*

第1節　改訂幼稚園教育要領における言葉
第2節　指導案の作成〜領域「言葉」〜

第6章 領域「環境」―植物を中心として―……*56*

第1節　領域「環境」の位置付けと「身近な環境」
第2節　諸感覚による野草の活用の分類
第3節　筆者の実践例
第4節　領域「環境」から低学年生活科への繋がり

第7章 領域「表現」（音楽表現）……*66*

第1節　「表現」のねらい
第2節　幼稚園教育要領「表現」の内容
第3節　保育所保育指針「表現」の内容

第8章 領域「表現」（造形表現）……*75*

第1節　子どもの表現
第2節　領域「表現」とは

第9章 造形表現の指導法―共同製作を通して―……*87*

第1節　幼稚園教育要領改訂より
第2節　共同製作を始める前に
第3節　共同製作を行う
第4節　保育方法・内容で大切なこと

第10章 教育・保育の方法論……96

第1節　幼児教育の方法における思想体系と実践
第2節　様々な保育形態と保育技術

第11章 障害幼児の指導……104

第1節　特別支援教育と障害幼児の指導・支援
第2節　障害者の権利に関する条約における合理的配慮
第3節　「合理的配慮」と「基礎的環境の整備」の観点で整理した指導事例

第12章 プログラミング教材を使用した保育方法……115

第1節　プログラミング学習とはどのような教科・授業なのか
第2節　今回使用した教材「キュベット」とは
第3節　キュベットを使用した実践例
第4節　プログラミング教育の可能性

[関連資料] ……128
1. 幼稚園教育要領（抜粋）（平成29年告示）
2. 保育所保育指針（抜粋）（平成29年告示）

執筆者紹介……140

第1章　子どもの心身の発達

第1節　子どもの心の発達

　乳幼児期は、身体の発育・発達とともに知的、情緒的、社会的発達の基盤ができる、生涯発達の段階でもっとも大切な時期である。この節では、子どもの心を理解するために精神機能である脳神経、言語、情緒、社会性の発達を取り上げて、心の発達理解を深める。

1　脳神経の発達

　新生児の脳にある神経細胞の数は約140億個、脳の重さは約350〜400gである。生後8カ月頃で脳は2倍の800g、5〜6歳で成人の脳重量の1200g〜1400gの約90％に達するが、脳細胞の数は成人でも赤ちゃんでも変わらない（図1－1）。脳内にある神経は、神経細胞（ニューロ

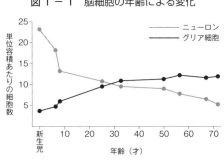

図1－1　脳細胞の年齢による変化

〔出典〕村松邦彦『0〜3才脳と心を育てる本』主婦の友社、2004年

ン）が結び付き合って構成されている。ニューロンの周りにはグリア細胞が集まっていて、ニューロンを保護したり、傷の修復を助けたりしている。

　ニューロンは互いに独立しているが、他のニューロンとの間にシナプスを形成し、情報を伝えていく。ニューロンは樹状突起のある細胞体とそこから長く伸びる軸索からできていて、木の枝のような樹状突起を何本も延ばし、ここに他のニューロンから一本長く延びる軸索が接して、情報を電気信号で伝える。他の細胞とのつなぎ目の部分には隙間が開いていて、そこで軸索の先のシナプスで神経伝達物質と呼ばれる化学物質を放出し、受け取ったニューロンは再び他のニューロンに電気信号を伝達していく。このようなシナプス結合によって、さまざまな情報が一瞬間のうちに脳の各部位に送られている。

　生まれたばかりの赤ちゃんのニューロンは未熟であるが、ニューロンの成長とシナプス結合が1～3歳前後まで急激に増えることによって神経ネットワークを発達させていく。生後の刺激や経験が神経回路に与える影響は、子どもの心の発達の過程として現れてくるので、乳幼児期は良い環境の中でよい刺激を受け、多くの神経回路を形成していくことが望まれる。

2　言語の発達

　生まれたばかりの赤ちゃんは、しばらくの間は泣き声だけであるが、生後2カ月頃になると、機嫌がよいときにはクーイングと呼ばれる喉の奥をならすような声出しをする。生後4カ月頃から喃語が見られ、最初は「アー」など母音をつなげて発するが、次第に子音が混ざった「クー」などを発音するようになる。6カ月頃には「マーマー」「ルルル」というような同じ音を繰り返す反復喃語が始まり、8カ月頃から音がより明瞭になる。10カ月頃になると話しているようなジャルゴンがみられる。1歳ころから「ママ」「パパ」などの初語という、意味のあ

る言葉である一語文を話しはじめる。1歳半から2歳ころは単語二語を繋いだ「ワンワン、きた」「パパ、あっち」のような簡単な二語文が話すようになる。2歳ころからは三語文が出始め、3歳ころからは三語文にさらに単語が含まれた四語、五語というような多語文が出るようになり、徐々に長文を繋げて話すことができるようになる。言葉を話すためには筋肉の発達も大事であり、子どもは体を大きく動かすことで指先や口といった細かい筋肉を発達させていく。子どもが好きな遊びの中で声を出すことが言葉の発達に繋がっていくので、身近な友だちや異年齢の友だちとの関わりの中で思いやりや親しみを持って遊びの中で言葉を発せるように、養育者や保育者は子どもの周りの言葉環境を豊かにすることが大切である。

3　情緒の発達

　情緒とは、欲求が満たされた時や、妨げられた際に生じる感情や情動を含む心的興奮状態をいう。生後1か月頃からは笑っているように見える生理的微笑がみられるようになるが、これは身体の生理的な状態を反映したもので意識的に笑っているわけではない。その後、人の声や動くもの、音に反応し、外からの刺激に反応して微笑むようになり、生後3か月になると目や耳が発達してくると共に、生理的な微笑から感情をもつ社会的微笑へと変化する。

　情緒は快・不快を基本に、6か月頃から怒り、嫌悪、恐れなどに分化し、12か月で愛情、得意などの情緒が表れる。18か月で嫉妬が表れ、2歳で基本的な情緒が出そろい、5歳頃までにほぼ大人と同じくらいの情緒に分化する。このように、子どもの情緒は未分化から徐々に分化し、信頼できる人々の適切な関わりや愛着の中で、安定し、順調な発達をしていく（図1-2）。

　愛着とは、ある特定の人々との間に形成される精神的な絆をいう。ある特定の人への基本的な信頼感をもち、信頼できる人に泣いたりしがみ

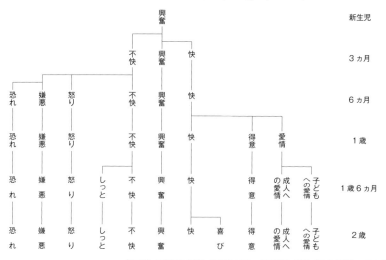

図1-2 情緒の分化図式（Bridges, 1932）

〔出典〕河鍋彊 編著『保育内容・健康第二版』同文書院、2010年

ついたり、だっこしてもらったりすると安心して探索行動ができるようになる。このような関係を愛着関係という。愛着関係が形成すると、身近な人と見知らぬ人との区別ができるようになり、知らない人を嫌がる人見知りが始まり、見知らぬ人に対して感じる不安や恐怖から、母親から離れたくない気持ちが強まる分離不安が生じる。

　乳児は、生後3カ月頃には、自分の指や手をじっとみたり、両手を合わせたり、指を動かしたりする中で自分の体に対する最初の認識が始まり、2歳までには鏡に映った自分がわかるようになる。また、自分のことを「〇〇くん」「〇〇ちゃん」と呼び始めるようになり、自己意識がはっきりしてくる。

　子どもにとって大切な成長過程である第一次反抗期には、「したい」「したくない」という自分の思いが明確になって、周囲に反抗しながら自分の欲求や主張を伝えるようになる2〜3歳ぐらいまでに激しく現れるのが特徴である。また、自分以外の相手にも主張や考えがあることを

理解することもできるようになり、自己抑制が少しずつ発達していく。

4 社会性の発達

　乳児は母親や家族など周囲の人々との触れ合い、また友達との遊びを通して、運動能力や言語能力を基盤とした総合的な社会性を発達させていく。自分の手を目の前にかざしてジッと見つめたり、口の中に手を入れたりするなどの自分の体を理解していく感覚遊びから、生後3カ月頃になると自分の手足を使ってのひとり遊びが始まる。6カ月になると周囲への興味が高まって他児の遊びを見ている様子がみられるが、遊びに加わろうとはしない。この状態を傍観的遊びという。

　ひとりで遊んでいて他児と関係ない独立した遊びが、1歳半頃からは複数の子どもが並行して遊んでいる状態、他児の近くで同じおもちゃで遊んでいても、それぞれ自分の遊びに夢中であり、他児とのかかわりがない状態の並行遊び（平行遊び）に変化してくる。

　2歳半頃には、他児と一緒に共通の活動に関わって遊んでいても、まだ相互の関係はうすい状態の連合遊びがみられ、ルールの理解ができるようになる5～6歳頃では、一定の組織をもった遊びを他児との協力や役割分担などがみられる状態の協同遊びが始まる。

　しかし、この時期はお互いに自己主張が強く、よくけんかをするが仲直りも早い。幼児はけんかを通して、他児の気持ちを自分と同じように感じ取ることと、他児の視点で他児の気持ちを考えることができるようになる。

第2節　子どものからだの発達

　人間の発達の変化過程は、発育、発達、成長、成熟などの用語で表現されている。体育学では、発育は測定可能な量や形の変化過程として、

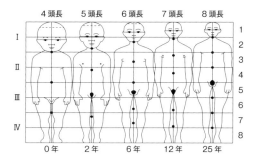

図1-3 身体各部の比率の発達（C.H.Stratz, 1922）

発達は学習を加えた機能や能力、行動などの質的変化過程として用いている。発育の原則には、順序性と方向性や速度の多様性が存在し、身体的器官や精神機能の現象には、決定的に重要な時期である臨界期がある。発育は遺伝子によってコントロールされているため、ある程度の個人差はあるが、発育と発達は相互作用の関係にある。

1 発達段階

一般的な発達段階は、胎児期、新生児期、乳児期、幼児期、児童期、思春・青年期、成人期、老年期に区分される。人間の体は、身長と体重がそれぞれ独自の発達段階を持ち、その速度が一定の年齢で入り替わり、交代していることを発見したのがシュトラッツ（C.H.Stratz, 1858～1824）である。シュトラッツは身体的発育段階を「充実期」「伸長期」に分けて区分した。人生の中で体重増加の著しい時期である2歳から4歳の頃は、第1充実期で、8歳から11歳に第2の充実期をむかえる。また、身長の発育速度が体重よりも大きい時期を伸長期と言い、5歳から7歳頃及び11歳から14歳頃の2回に伸長期がある。

シュトラッツは、**図1-3**のように身長に対する頭部の割合を示している。誕生時4頭身であったのが、成人になると8頭身近くになる様子がわかる。また、**表1-1**では、成人と新生児とにおける身体各部の比

表1-1　成人と新生児とにおける身体各部の比率

身体部分	成人対新生児	身体部分	成人対新生児
身　　長	3.5	心　　臓	12.5
体　　重	18 − 19	腎　　臓	12
筋　　肉	48	皮　　膚	12
脾　　臓	28	脊　　髄	7
骨	26	甲　状　腺	4.5
肺　　臓	20	脳	3.7
胃及び消化器官	20	眼	1.7
肝　　臓	13.6	副　　腎	0.9

〔出典〕長谷川定宣「健康科学」近畿大学豊岡短期大学通信教育部、2007年

率について示している。成人になると筋肉は新生児の48倍になるが、身長や脳はほぼ3倍半になるように各部分によって発達の比率が異なる。

2　身体発達

　一般的な身体発達については、スキャモンの発育曲線がよく用いられる。スキャモン（Scammon, R. E. 1883～1952）は、からだの発達や臓器の発達を4つの曲線を用いて**図1−4**（次頁）のように示した。
　一般型は、出生後急速に発育するが、その後は次第に穏やかになり思春期に再び急激に発達する。身長、体重、胸囲、筋肉などがこれに属する。神経型は、出生直後から急激に発育し、4～5歳までには大人の80％程度の発育が完了するものであり、脳脊髄、神経などがこれに属する。リンパ型は、思春期ごろまで急激に発育してその機能がはるかに高くなるが、思春期過ぎから大人のレベルに戻るものであり、扁桃、リンパ節などのリンパ組織などがこれにあたる。生殖型は、小学校前半までわずかに成長するが、思春期頃から急激に発育するもので、精巣、卵巣、性器などがこれに属する。

図1-4 スキャンモンの発育曲線 (Scammon, 1927)

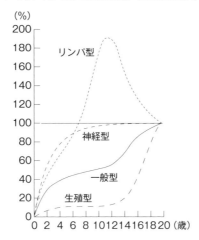

3 運動機能の発達

　新生児は運動機能が未熟な状態で生まれるが、特定の刺激に対して新生児の意思とは関係なく起こる反射運動がある。この時期の反射運動を原始反射という。原始反射には、哺乳反射、モロー反射、把握反射、自動歩行反射、緊張性頸反射がある。また、哺乳反射には探索反射、捕捉反射、吸啜反射、嚥下反射があるため、新生児は生まれてすぐに哺乳することができる。

　運動機能の発達には、粗大運動（全身運動）と部分運動（微細運動）に分けられるが、粗大運動としては、首のすわり（生後3〜4カ月）、寝返りやひとり座り（6〜7カ月）、はいはい（8〜9カ月）、つかまり立ち（9〜10カ月）、つたい歩き（10〜11カ月）、ひとり歩き（13〜14カ月）ができるようになる。

　手の動きを中心とした微細運動は、握る（3カ月）、手のひら全体でつかむ（4〜5カ月）、親指と他の4本の指全体でにぎる（6カ月）、親指の先と人差し指の先でつまむ（10〜12カ月）ことにより、ものを上手

につかむことができるようになる。

4　運動能力の発達

　赤ちゃんが「ハイハイ」できるようになる時期は、生後9カ月となっている。家中を「はいはい」で探索するような行動を行うこと自体が動きを経験する機会になる。歩行による探索行動ができる1歳前後は、両手がハイハイから解放されて、手や指、腕を使った動きの発達が進んでいく。

　3歳頃の子どもは、ぶら下がることやよじ登ることなど、自分の意志の力で運動をコントロールすることができるようになる。スピードはないが上手に走れ、指先の運動ができるようになって、'はさみ'や'はし'などの道具も使える。この時期からは積極的にいろいろな遊びにチャレンジするようになる。4歳頃の子どもは、ジャングルジムでぶら下がったり、上がったり、くぐったりすることができ、また、鬼ごっこもできるようになる。ボール投げがうまくなって、ボールを一定の目的物にあてるような運動動作が発現し、巧緻性を獲得していく。また、平均性が向上し、平均台を歩いたり片足で立つことができるなど、安定性の高い運動が可能となっていく。

　5歳頃になると、手と足、目と手足を協応させるような2つ以上の運動を連合させる力が向上して、大きいボールのキャッチができるようになる。また、自転車に乗れるようになる。6歳頃の子どもは、投げる、とる、けるなどのさまざまな動作を組み合わせた、大人とほぼ同じ動きができるようになる。

　乳幼児期に獲得した基礎的な運動能力は、筋力の発達とともにその以降の洗練された高度な動きやスポーツ活動へと発達していく土台となる。この時期に幅広く多様な動きが十分に獲得されるように、遊びを通して子どもが身体活動に興味を持ち自発的に取り組んで継続することが重要である。

【引用・参考文献】

井上勝子編著、青木理子、青山優子、大村一光、黒岩英子、下釜綾子、高原和、宮嶋郁恵共著『すこやかな子どもの心と体を育む運動遊び』建帛社、2006年

村松邦彦『0～3才脳と心を育てる本』主婦の友社、2004年

河鍋鬶編著『保育内容・健康第二版』同文書院、2010年

長谷川定宣「健康科学」近畿大学豊岡短期大学通信教育部、2007年

金美珍、小林正子、中村泉「幼児期の運動や運動遊びの経験が学童期の子どもの生活・健康・体力に及ぼす影響」『小児保健研究』70(5) p658-668、2011年

(金　美珍)

第2章　教育課程

第1節　教育課程とは

1　課程（カリキュラム）の意味

　教育課程とは、教育目標に向けて編成された教育内容のことである。学校教育法、学校教育法施行規則、学習指導要領などにより、すべての学校で編成することが義務付けられている。課程（カリキュラム）とはラテン語のクレレ（currere）を語源としており、その意味は走路・コースのことである。つまり、一定の教育目標を達成するために、卒業までの教育内容を意味のある順序で並べたもので、その道を進むことで卒業時に目標を達成することができる、というものである。幼児教育の場である幼稚園は学校に位置づけられているので、当然のことながら教育課程を編成することが義務付けられている。

　なお、2017年告示の保育所保育指針には、これまで使われていた保育課程という用語は使用されていない。保育所と認定こども園では、保育内容に関する保育課程や園での生活全体を含む「全体的な計画を作成する」とされている。本章では、「全体的な計画」に保育課程が内包されていると捉え、保育課程を教育課程と同義として使用しているので留意されたい。

2　乳幼児のための課程の特徴

　乳幼児を対象とした保育現場で作成する教育課程・保育課程と、小学

校以上の教科内容を編成した教育課程とは、その内容に大きな違いがある。小学校以上の学校は教科中心の教科カリキュラムであるのに対し、保育現場におけるカリキュラムは、園生活全体を見通してその健全な発育を促進するための好ましい経験を編成した経験カリキュラムなのである。現在わが国における乳幼児の保育は、遊びが学習であり、生活の中心であると捉えている。乳幼児が主体的に環境に働きかけることにより様々な経験をし、そしてその経験により子ども達が自らの力で育っていけることを目指しているのである。つまり、経験カリキュラムとは入園から卒園までの在園期間に、各園が目標とする望ましい子どもの姿を目指して、どの時期にどのような経験をすることが良いのかを編成したものなのである。これは小学校以上の学校の教育課程とは異なる大きな特徴である。

第2節　三法令に示されるカリキュラムの取り扱い

1　幼稚園教育要領

　幼稚園教育要領が初めて制定されたのは1956年である。そこには教育課程という用語は登場しないものの、現在の教育課程や保育計画を作成するにあたっての基本的な考え方が「各幼稚園では地域や幼児の実情から、さきに述べた内容のうちから、どのような経験を選び、またどのような形で幼児に経験させたらよいかについてくふうしなければならない。そのためには、どうしても指導の計画を立案し、望ましい経験の組織を構成する必要がある。」と示されている。また、「幼稚園の教育が、小学校や中学校のように，はっきり教科を設けて系統的に学習させるやり方とは違い、全体的、未分化的に生活を指導する形で行わなければな

らない」とし、さらに「総合的という名のもとに、計画なしに指導が進められたならば、学期や学年の終りになって、指導が片寄っていたり、時間がむだに使われていたりすることに気づくことが多いであろう。」と計画性の必要性を記しているのである。そして具体的な留意点として以下の11項目を挙げている。現在の教育課程の根本がすでにあったことが理解できる。

1．幼児の発達程度に適応した計画を立案すること。
2．経験は、幼児の生活経験を基盤として、しぜんに展開するように組織すること。
3．幼児の住む地域社会の実態に即して計画を立案すること。
4．地域社会の特性を考慮するとともに、調和的な人間形成の重要性を忘れないこと。
5．健康・社会・自然・言語・音楽リズム・絵画製作などのあらゆる側面にわたり、均衡のとれた計画を立案すること。
6．季節とか、幼稚園や地域社会の行事を考慮して計画を立案すること。
7．発達段階に応じた集団生活の指導をするように立案すること。
8．個人差に応じる用意がなされていること。
9．指導計画に、豊かな弾力性をもたせること。
10．小学校の教育課程を考慮して計画すること。
11．指導計画に適応した環境を構成し、管理の組織を考慮すること。

1964年に改定された幼稚園教育要領には、教育課程という用語が第1章総則2に「教育課程の編成」として記されている。基本的な考え方は現行の内容と近いもので、教育基本法や学校教育法などに示すところに従い、幼児の心身の発達や地域の実情に応じた教育課程を編成するように求めている。その後の1991年および2000年の改定においてもほぼ同様の内容となっている。

2008年の改定では、多くの幼稚園が預かり保育を行うようになったという状況を踏まえ、教育課程に係る教育時間以外の時間に行う教育活動について、つまり預かり保育の時間についても、計画的な保育を行うことを規定する内容が含まれるようになった。さらに2017年告示の幼稚園教育要領では、教育課程を中心に預かり保育、保健や安全の計画などを関連させた、全体的な計画を作成することになっている。

2　保育所保育指針

　1965年、厚生省児童家庭局から初めて保育所保育指針が刊行された。ただし、この時から1999年の保育所保育指針まではガイドラインという位置づけであり、法的な拘束力はなかった。とはいえ最初の保育所保育指針は、年齢別の発達や指導計画の項目についても提示され、指導計画の項目も挙げられていることからこれをみれば指導計画もすぐにできるようになっている内容であった。

　1990年の改定では第11章「保育の計画作成上の留意事項」において、保育所では入所している子どもの生活全体を通じて、保育の目標が達成されるように、全体的な「保育計画」と具体的な「指導計画」とからなる「保育の計画」を作成することとなっている。新しく「保育計画」と「保育の計画」という言葉が使われるのである。ここで使用された保育計画とは、幼稚園教育要領の教育課程と同義である。また、それに基づいた長期の指導計画と短期の指導計画を作成することが示されている。この内容は次の改訂である1999年にも大きな変化はない。

　2008年の保育所保育指針は、初めて告示化され、法的な拘束力を持つものとなった。また、それまでの「保育計画」を「保育課程」とし、各園で編成することが義務付けられた。これまで「保育計画」を持たなかった保育所もあったため、この改定によりどの保育所もかならず保育課程を持ち、全職員がその内容を十分理解したうえで、計画的に保育が展開され、保育の質を高めることが求められたといえる。

さらに2017年告示の保育所保育指針においては、前述したとおり保育所での生活全体を通しての活動すべてを含んだ計画という意味で「全体的な計画」を作成することが義務付けられている。

3　幼保連携型認定こども園教育・保育要領

　幼保連携型認定こども園教育・保育要領においては、2014年告示当初から認定こども園での教育・保育のすべてを含む計画という意味で、「全体的な計画」という名称が使用され、編成が義務付けられている。ゆえに、2008年以降は、幼稚園・保育所、2014年には認定こども園も含めすべての保育施設において、各園で教育課程または保育課程を内包する全体的な計画を編成することが義務付けられたのである。

第3節　教育課程・保育課程の必要性

1　発達課題の欠落を避ける

　乳幼児期の子どもは、心身の両面から飛躍的な成長を遂げていく。そこには順序性や方向性といった一定の法則が存在することは周知であろう。子どもは、一人ひとりの発達段階にそって発達課題を獲得しながら成長していく。そして保育者は、その発達課題を獲得するための環境を整え、適切な援助していく必要がある。ゆえに、保育者は子どもの発達を見通して、次の発達を促すための環境を設定しなければならないのである。そのため、教育課程・保育課程には、どの時期にどのような環境を設定し、その環境によってどのような経験をすることで、どのような発達を目指すのかということが示されていることが大切である。

　このように発達を見通して編さんされた教育課程や保育課程を基に、各々の保育者が具体的な指導計画を立てることにより、子どもの育ちに

必要な発達課題の欠落を避けることができるはずである。新人の保育者であろうと、ベテランの保育者であろうと、教育課程や保育課程に基づいた指導計画を立てる必要性の第一はその点にあるといえるだろう。

2　共通理解のもとでの保育

　保育現場の主役は子どもであることに間違いはないが、子どもたち一人ひとりが安心して過ごすには、子どもたちに関わる様々な大人や組織の存在が大きいものである。子どもたちと直接かかわる機会が最も多いのは保育者である。ただし、担任のみが関わるわけではないので、複数の保育者、または園の保育者全員が子どもの育ちを支えることになるだろう。その際、保育者によって保育に対する考え方が違っていては、子どもにとって大きな混乱のもとになる。例えばA保育者は「いいよ」といったのに、B保育者には叱られてしまったとしたら、子どもは保育者に不信感を抱くのではないだろうか。同じ園で働く保育者は、教育課程や保育課程に示された園独自の保育理念をしっかりと理解し、保育者全員で共通の理解をしておかねばならないだろう。そしてそのために、園内での研修を積み重ねることも大切なことである。

　また、幼稚園や保育所、認定こども園といった保育施設での生活が充実したものになるには保護者の理解と協力は欠かせない。幼稚園の場合は、ある程度保育理念を知ったうえで入園をするため、教育課程に対する理解ができている場合も多い。しかし保育所の場合、保育方針を選んで入園させることのできる保護者は少ないのではないだろうか。そうなると保育所の保育課程や保育理念といったものはほとんど知らないまま入園するわけである。ゆえに保育所が行っている保育に不安や不満を持たないとも限らない。保護者が不安を持てば、その子どもも当然不安になり、自発的な活動の妨げになる可能性もある。そのような不安を抱くことがないように、入園時には保護者に自園の教育課程や保育課程を、きちんと理解してもらうことが大変重要なことなのである。幼稚園や保

育所をはじめとした乳幼児が通う施設では、保育者と保護者が園の保育理念を共通理解し、子どもの育ちをともに喜び、連携をしていくことがとても大切である。

3　子どもを正しく理解をする

　乳幼児期の心身の発達については、保育者は当然のことながら専門知識を持っているはずである。そしてその知識の上に経験を重ね、子どもに対する理解を一層深めていく。しかしながら、時にはこれまでの経験による知識に頼りすぎて、実際の子どもの姿や発達の状況を見過ごしてしまうことがある。ややもすると、保育者の都合に合わせて子どもの姿を理解しようとすることを、無意識のうちに行っている場合もあるかもしれない。そのようなことに陥らないために、教育課程や保育課程をもとに子どもの発達の道筋を確認し、目の前の子どもの姿と照らし合わせて、子どもに対する正しい理解をすることが必要であろう。それでこそ、先を見通した子どもの発達を考え適切な援助が行えるのではないだろうか。

4　環境の効果を最大限に生かす

　学校教育法などにも明示されているように、保育は「適当な環境を与えて」展開されるものである。しかし、その効果を十分に生かすには、先を見通した計画がなくてはならないだろう。発達に適した環境がなければ子どもが自分の力を存分に発揮することは望めない。そのため、保育者は子どもの育ちの少し先を見越した環境を用意する必要がある。また、自然のもたらす恵みを有効に保育に生かすにも、保育者の意識が働いていなければ不可能である。そのためにも、長期の見通しを持った教育課程や保育課程は重要な役割を果たすのである。

　さらに、各園の保育方針により環境の作り方は全く異なるものになる。たとえば、食育に力を入れている園であれば、園庭で野菜の栽培などを

行っているかもしれない。体を動かすことを大切に考える園であれば、遊具に工夫が凝らされていることもある。自由遊びが主体である園ならば、様々な遊びのコーナーが設定されているのではないだろうか。このように、各園の教育課程や保育課程にある保育理念に基づいた環境が設定されるはずで、そこで保育を展開する保育者は、その環境の意味を十分に理解しておく必要があるだろう。

第4節　編成の基本

1　基盤となるもの

　教育課程や保育課程、また、全体的な計画を編成する際に基盤となるものは、幼稚園教育要領や保育所保育指針、幼保連携型認定こども園教育・保育要領に記載されている保育内容である。これは告示されたものであり、これらの保育施設においてその内容を無視して保育内容を決めることはできない。ゆえに、まずはこれらの記載内容を十分把握しておく必要がある。また、これらの基盤となるのは教育基本法や学校教育法、児童福祉法といった法令である。ここに示された理念を失ってはならないのである。

2　乳幼児期の発育・発達をとらえる

　教育課程・保育課程を編成する際には、対象となる乳幼児期の発育・発達を捉えておく必要がある。心身の発達がどのように進み、在園中に子どもの何を育てるのかが、明確に示されていなければならないだろう。
　保育所は0歳の乳児から入所している。その段階の子どもにとってもっとも必要であるのが保育者との愛着であり、守られているという安心である。その上で初めて自我が芽生え、自発的な行動が出来るように

なるのである。ゆえに、乳児段階の計画は、子どもが自発的に活動に取り組めるようになるまでの道筋が描かれているべきである。さらに幼児期から卒園までの計画には、心身の健全な発達を基礎に、社会性、道徳性を培う内容となるだろう。子どもの発達過程を念頭に置きつつ、保育所保育の特性を踏まえて保育課程を編成することが望まれる。

幼稚園は満3歳から小学校就学前の子ども達の保育を行う場である。保育所に比べ保育時間が短い幼稚園の場合、同じ3歳児でも保育内容には違いがあるだろう。しかし、やはり発育・発達の特性を捉えなければならないことは同じである。

3　各園独自の理念を持つ

小学校以上の学校は教科中心のカリキュラムが編成されるため、その内容が把握しやすいが、幼稚園や保育所の場合、「環境・遊びを通した保育」であるために、その内容が分かりづらい場合がある。また、公立が多い小学校の場合は日本全国どこでも教育内容にさほどの違いは無いが、私立が多くを占める幼稚園や、待機児童対策で私立が急激に増加してきている保育所や認定こども園の場合、その保育内容は各園の保育方針により大きな違いがある。だからこそ、幼稚園や保育所は、自園の保育理念を明確に示し、それに基づく保育内容や保育環境を教育課程や保育課程の中に編成しておくことが大切である。そしてその内容を全保育者が共通の理解をし、それをもとに保育が展開されなければならないのである。同時に保護者にも保育方針に基づく教育課程や保育課程が提示され、理解されていることが望ましいだろう。

幼稚園、保育所や認定こども園は「子どもを遊ばせているだけ」ではなく、そこには目指す子どもの姿があるということ、そこに向かって必要な環境や経験を子どもの発達に沿って配置したカリキュラムがあり、そこで働く保育者はもちろん、保護者にもそのカリキュラムが理解されていることが大切なのである。

4　幼児期の終わりまでに育って欲しい姿

　2017年度告示の幼稚園教育要領・保育所保育指針・幼保連携型認定こども園教育・保育要領には、すべてに共通して「幼児期の終わりまでに育って欲しい姿」が示された。これは、幼児教育がどのようにその後の教育につながっていくのか、を考えると同時に、幼児教育ではどこまでができるようになっているのかを、小学校以上の学校に分かり易く示したものとなっている。これまで、就学前の教育は経験カリキュラムであることから、どのような力が育っているかということについて小学校に伝わりにくかった。そのため、小学校へのつながりが持ちにくい部分があったと言われている。2017年告示の新要領などにより、これらの問題を解決するとともに、幼児期の保育に携わる保育者自身も、目指す姿をしっかりと描き、それにつながる保育の計画を立てることが求められるようになったと言えるだろう。

【引用・参考文献】
　文部科学省『幼稚園教育要領』フレーベル館、2017年
　厚生労働省『保育所保育指針』フレーベル館、2017年
　倉橋惣三『育ての心』フレーベル館、1976年
　阿部和子、前原寛編著『保育課程の研究』萌文書林、2009年
　松村和子・近藤幹生・椛島香代『教育課程・保育課程を学ぶ』みなみ書房、
　　2012年

（髙橋　弥生）

第3章　領域「健康」

第1節　子どもの健康

1　子どもを取り巻く現状

　近年、子どもの出生率が下がり、日本は超高齢化社会と言われ、家族形態が変化している。国勢調査（2015年）では、「夫婦と子どもからなる世帯」は全世帯の28.1％に減少し、「ひとり親と子どもからなる世帯」は9.2％増加している。養育者の就労形態やライフスタイルも多様化してきている。子育て期の女性の就業率は72.7％と増加し（2016年）、子どもの長時間の幼稚園・保育所等への預け入れとなっている。子どもの貧困率（17歳以下の子どもがいる世帯に占める貧困世帯の割合）は13.8％と増加している（2012年）。
　このことは、子ども達の生活・健康に少なからず影響を与えている。その中で幼稚園・保育所等は、子ども達の健康、安全や学びを確保するのに適し、大切な場所であり、子どもを育てる親を支援する場、地域住民の保健活動の啓発の場にもなっている。

2　健康とは

　世界保健機関（WHO）は、「健康」について次のように定義している。
"Health is a state of complete physical, mental and social well-being and not merely the absence of disease or infirmity."
「完全な肉体的、精神的及び社会的福祉の状態であり、単に疾病又は

病弱の存在しないことではない。」

　これは、60年以上も変わることなく世界中の人たちの健康を考える上での根幹である。

　「肉体的」身体の形状や機能が正常に機能している状態や「精神的」情緒豊かで安定していて、意欲的に活動できる状態のことばかりでなく、「社会的」平和で社会が自分を認め、自分も社会を担う活動をする状態のことを含めて健康を捉えることは大切である。私たちは、生活習慣や文化の違い・性別・年齢・身体状態など異なるため、誰一人同じではないので同一の健康観を持つことは出来ない。出来ないからこそ、個人の健康観を作り上げなければならない。

　1998年に改正案「完全な肉体的、精神的、Spiritual及び社会的福祉のDynamicな状態であり、単に疾病又は病弱の存在しないことではない」（厚生省報道発表資料）は、提案されたが時期尚早であるとし、先送りとなった。しかし、私たちが今後の「健康とは何か」を考える重要な根幹であると思われる。

3　日本の健康への取り組み

　日本国憲法第25条1項で「すべて国民は、健康で文化的な最低限度の生活を営む権利を有する」と健康権について謳っている。しかし、長い間日本は健康権という概念はかならずしも認められてこなかった。しかし、大気汚染や水俣病等の公害による健康被害の補償が進むにつれて認められるようになってきた。

　第二次世界大戦後、社会レベルでの健康水準の向上を目指し、医療・保健・福祉の体制の充実を図ることにより、平均寿命の延伸・乳児死亡率の減少や、体格の向上などが大幅に向上した。高度経済成長期以降になると慢性疾患対策へと移り、現在に繋がる積極的な健康増進対策へ移行した。　現在、「健康日本21（第二次）」が2013年度から推進されている。生活習慣及び社会環境の改善を通じて、子どもから高齢者まで全

ての国民が共に支え合いながら希望や生きがいを持ち、ライフステージに応じて、健やかで心豊かに生活できる活力ある社会を実現するために、
① 健康寿命の延伸と健康格差の縮小
② 生活習慣病の発症予防と重症化予防の徹底
③ 社会生活を営むために必要な機能の維持及び向上
④ 健康を支え、守るための社会環境の整備
⑤ 栄養・食生活、身体活動・運動、休養、飲酒、喫煙、歯・口腔の健康に関する生活習慣の改善及び社会環境の改善

の5つの基本的な方向を提示した。

子どもは、将来を担う大切な世代と考え、健康増進と健康な生活を営む基礎を養うことが大切であると考えている。特に、こころの健康をサポートする小児科医・児童精神科医師の増加、肥満ややせの乳幼児の減少、朝・昼・夕の3食の食習慣の増加や、運動を習慣化して健やかな生活習慣を形成することが挙げられる。

第2節 領域「健康」

1 ねらい

2018年4月から施行される幼稚園教育要領では、「幼児期の終わりまでに育ってほしい姿」を明確化することで、幼児の発達や学びの個人差に留意しつつ、園と小学校との情報を共有し、スムーズな幼小接続の実現を目指している。具体的には、10の事項を示した。領域「健康」関する事項としては、特に「健康な心と体」と「生命尊重、公共心等」が挙げられる。

「健康な心と体」では、心と体を十分に働かせながら充実感や満足感を持って自分のやりたいことに向かって取り組み、見通しを持って自ら

健康で安全な生活を作り出していくことである。例として、
- 様々な身体活動に目標をもって挑戦し、困難なことも乗り越えようとする
- いろいろな遊びを通して、体を十分に動かす
- 健康な生活リズムを通して、自分の健康に対する関心や安全についての構えを身に付け、自分の体を大切にする気持ちを持つ
- 基本的生活習慣の必要性に気付き、自ら行う
- 集団での生活の流れなどを予測して、活動に見通しをもって取り組む

が挙げられている。

「生命尊重、公共心等」は、良いこと・悪いことが分かり、相手の立場に立って行動するようになり、自分の気持ちを調整し、友達と折り合いを付けながら、決まりを守る必要性が分かり、決まりを作ったり守ったりするようになる。例として、身近な動植物の世話を通じて、生きているものへの愛着を感じ、生命の営みの不思議さ、生命の尊さに気付き、感動したり、いたわったり、大切にしたりする。

領域「健康」としての目標は、「健康な心と体を育て、自ら健康で安全な生活をつくり出す力を養う」ことであり、生涯にわたっての健康・安全な生活を送る礎になる習慣や考えを育てることが重要となっている。具体化したものが次に挙げる「ねらい」である。

① 明るく伸び伸びと行動し、充実感を味わう（心情）。
② 自分の体を十分に動かし、進んで運動しようとする（意欲）。
③ 健康、安全な生活に必要な習慣や態度を身に付け、見通しをもって行動する（態度）。

①は、心情をについて方向性を示し、身体行動をすることによって、内面的な明るさや伸び伸びさを育て、充実感を味わうことである。②は、自らの身体を動かそうとする意欲を育てることである。③は、子どもの自立・自律へつながる体と心の健康についての安全な生活を営むうえで

必要な態度を育てることが大切である。

2　内容

　ねらいを達成するために10項目の具体的な「内容」が示され、保育者が援助しながら子どもが環境に関わって展開する、具体的な経験事項のことである。子どもの発育発達を踏まえ、それぞれの園・保育者の独自性や創意工夫が発揮されることが期待される。

① 先生や友達と触れ合い、安定感をもって行動する。
② いろいろな遊びの中で十分に体を動かす。
③ 進んで戸外で遊ぶ。
④ 様々な活動に親しみ、楽しんで取り組む。
⑤ 先生や友達と食べることを楽しみ、食べ物への興味や関心をもつ。
⑥ 健康な生活のリズムを身に付ける。
⑦ 身の回りを清潔にし、衣服の着脱、食事、排泄などの生活に必要な活動を自分でする。
⑧ 保育所における生活の仕方を知り、自分たちで生活の場を整えながら見通しをもって行動する。
⑨ 自分の健康に関心をもち、病気の予防などに必要な活動を進んで行う。
⑩ 危険な場所、危険な遊び方、災害時などの行動の仕方が分かり、安全に気を付けて行動する。

3　他の領域との関連

　幼児教育で育みたい資質・能力は、5領域を踏まえて、「遊び」を通しての総合的な指導により一体的に育むとされている。1領域が単独で活動する事はなく、他の領域のねらいや内容を含んでいることが多い。
　幼児にとって重要な学習手段は、「遊び」であり、鬼ごっこを例にすると、友だちと活動するは「人間関係」、伝統的なことに触れる・遊具

を使うは「環境」、友だちと意思疎通するは「言葉」、役を演じたりするは「表現」と、それぞれ関連しそのままでいることがわかる。子どもの活動を多面的に捉えることにより、学習内容は広がりを見せる。

4 小学校との関連

今回の改訂で幼稚園等と小学校の教員が持つ5歳児修了時の姿が共有化されることで、幼児教育と小学校教育との接続の一層の強化が図られることが期待されている。領域「健康」では、子どもの体力低下について幼稚園等でいろいろな遊びをすることで、教科「体育」が低学年に求める各種の運動の基礎を培う運動あそびにつなげる。基本的生活習慣を習得することは、給食・トイレ等の学校生活の安定につながる。自分自身の健康管理や安全管理ができることは、生涯を通じて自らの健康を適切に管理し改善していく資質や能力の育成につながる。

保育者は、小学校教育に興味・関心を持ち、子どもの将来像を見ながら子どもに接しなければならない。また、小学校の教員に積極的に情報を発信することが求められている。

第3節 健康課題

1 運動あそび

生活様式を大きく変化し、身体を動かす機会が減少し、高い運動強度や多くの運動量を必要としなくなってきた。社会環境の変化で遊びの三間（遊ぶ場所、遊ぶ空間、遊ぶ仲間）が減少し、戸外で体を動かして遊ぶ機会が減少している。子どもにとって身体活動・遊びが減少することは、その後の児童期・青年期への運動やスポーツに親しむ資質や能力の育成の阻害に止まらず、意欲や気力の減弱、対人関係などコミュニケー

ションをうまく構築できないなど、子どもの心の発達にも重大な影響を及ぼすことが考えられる。

この現状を踏まえ、文部科学省は「幼児期運動指針」(2012年)で幼児期からの運動習慣を通して、体力・運動能力の基礎を培うとともに、様々な活動への意欲や社会性、創造性を育むことを目指すとしている。

「幼児（3～6歳）は様々な遊びを中心に、毎日、合計60分以上、楽しく体を動かすことが大切です！」と謳い、

① 多様な動きが経験できるように様々な遊びを取り入れること
② 楽しく体を動かす時間を確保すること
③ 発達の特性に応じた遊びを提供すること

を挙げている。

2　食育

私たちは、豊かな人間性をはぐくみ、生きる力を身に付けるためには、「食」が重要である。近年、朝食の欠食、孤食、中食や外食の増加、肥満・やせ等の食行動の問題が見られるようになった。そのため、2005年に「食育基本法」が制定され、色々な取組がなされている。

「楽しく食べる子どもに～保育所における食育に関する指針～」(2004年)で3歳以上の子どもに5つのねらいを定めた。

「食と健康」：健康な心と体を育て、自ら健康で安全な生活をつくり出す力を養う

「食と人間関係」：他の人々と親しみ支え合うために、自立心を育て、人とかかわる力を養う

「食と文化」：人々が築き、継承してきた様々な文化を理解し、つくり出す力を養う

「いのちの育ちと食」：自らも含めたすべてのいのちを大切にする力を養う

「料理と食」：素材に目を向け、素材にかかわり、素材を調理すること

に関心を持つ力を養う

　幼稚園教育要領（2018年）では、内容の取扱いで「健康な心と体を育てるためには食育を通じた望ましい食習慣の形成が大切であることを踏まえ、幼児の食生活の実情に配慮し、和やかな雰囲気の中で教師や他の幼児と食べる喜びや楽しさを味わったり、様々な食べ物への興味や関心をもったりするなどし、食の大切さに気付き、進んで食べようとする気持ちが育つようにすること。」とされた。

　食育をすすめる上では、近年増加している食物アレルギーへの対応を細心の注意を払いながら進めていかなければならない。

3　性教育

　性教育は、性器・生殖・性交・他の性行動についての教育全般を意味する。また、性教育は「生」を教えること、いのちの教育でもある。幼児期は、自我が芽生え、他者の存在を意識できるようになる時期である。また、大人や友達との関わりの中できまりの必要性などに気付き、自己抑制ができるようになる時期でもある。文部科学省「学校における性教育の考え方、進め方」（1999年）によると幼児期の性に関する指導の目標は、

① 　自分の誕生、男女の違いや生命の尊さを感じとる
② 　友だちを思いやる心情や態度を育て、将来の男女の人間関係の基礎を築く
③ 　男女がいたわり合う心や、そのために自分の欲求を抑制しようとする心を育てる

である。

【引用・参考文献】

厚生労働省『楽しく食べる子どもに〜保育所における食育に関する指針〜』2004年

厚生労働省『国民の健康の増進の総合的な推進を図るための基本的な方針』2012年

文部科学省『幼児期運動指針』2012年

文部科学省『幼稚園教育要領』2018年

文部省『学校における性教育の考え方、進め方』ぎょうせい、1999年

（加藤 達雄）

第4章　領域「人間関係」

第1節　社会の現状と子どもたち

1　予測不能な時代を生きる

　2011年3月、東北地方太平洋沖地震（東日本大震災）が起き、多くの人たちが犠牲となった。その時、人生には何が起きるか分からないということを、私たちは身にしみて感じたのではないだろうか。世界を見れば、地球温暖化で海水の熱膨張や南極の氷柱が解けることでの海面上昇、大型台風や集中豪雨の頻発、大規模な干ばつなどの異常気象が起きている。これら自然現象の猛威は、私たちの経済活動や成長に伴い、大量の温室効果ガスが排出されていることが原因とされている。

　日常の生活においても、2000年前後からインターネットや携帯電話が一般の家庭に普及し始め、今や世界中どこにいてもいつでも連絡が取り合える時代となった。そうした便利さの反面、SNS（ソーシャル・ネットワーキング・サービス）を通して、子どもや若者らを中心に人間関係が壊れやすくなってしまったり、事件に巻き込まれたりすることも多くなった。近年、先進国でも貧富の差が広がり、経済大国と言われる日本でさえも7人に1人の子どもたちが貧困に苦しんでいる。また、世界中でテロ事件が起きるなど不安定な社会である。

　このような予測不能な時代に生きる中、次代を担う子どもたちは価値観の違う世界の人たちと知恵を出し合い、世の中の現状に対応していかなければならない。それには、人それぞれの価値を受け入れ、「そうい

う考えもあるんだ」と違う側面から思考できる柔軟性や共感性、すり合わせができる許容力や協調性、諦めずにやり抜く継続力など、たくましく生きる力がますます必要になってくるだろう。

2　人間関係の基となる自己肯定感

2013年の内閣府の7カ国の若者の意識調査によると、日本の若者は諸外国に比べて自己肯定感が低いという結果だった。

自己肯定感とは、自分を肯定する気持ちのことであり、自分を積極的に評価でき、自らの価値や存在意義を認める感情などのことである。

国立青少年教育振興機構は、自己肯定感に関わる高校生の生活と意識に関する調査を行った。その分析結果よると、自己肯定感である「親から愛されている」と感じている子どもたちほど、(自分には)「長所がある」と思っていた。さらに、子どもの頃の体験と自己肯定感、社会を生き抜く資質・能力(へこたれない力)などの調査では、子どもの頃、家族の愛情・絆を基盤に、遊びに熱中するなど様々な体験をした人ほど、自己肯定感が高く、へこたれない大人になる、という結果になった。

子どもたちは、乳幼児期から身近な大人から丁寧に受容され、応答的に育てられることにより、人間関係の土台である愛着関係が生まれ、信頼関係ができる。そうした体験を通して、自分は価値があり、大切な存在なのだと自己肯定感が高まっていくと言われている。以上の調査からも自己肯定感は、子どもの頃に愛されていると感じて育つことが大人になってからもたくましく生き抜き、立ち直る力を発揮することが確認された。

3　非認知能力（社会的情動スキル）の大切さ

自己肯定感がある子どもたちは、人の痛みも自分のように感じ、失敗しても次こそは頑張ろうと思えることができるようになる。この前向きな情動が、乳幼児期に培われる非認知能力の基礎となるのである。

非認知能力とは、社会的情動スキルとも呼ばれ、人を大切にする思いやり、好奇心旺盛、楽観的、協調性、社会性、継続力、忍耐力などのことをいう。逆に認知能力とは、文字や数などを覚えることである。
　近年の研究によると、乳幼児期に非認知能力を育てることにより、認知能力も高まり、人間性を豊かにし、社会で経済的に成功すると言われている。非認知能力は、乳幼児期に育ち、特に3歳から5歳頃までが一番伸びるとされるが、その後も伸ばしていくことができると考えられている。非認知能力が、健全に育っていくと、社会に出たときに信頼される誠意のある人間性をもち、たくましく生き抜いていくことができるというのである。
　この非認知能力は、以前より幼児教育が重視してきた「心情・意欲・態度」と重なる。「心情」は楽しい、面白いなどと感じること、「意欲」は何かをやりたいとわき上がる気持ち、「態度」はやりたいことに挑戦していく持続させる力のことである。非認知能力である意欲、関心などを高めて取り組み、考えたり工夫したりすることを育てることで認知能力も共に高まっていくことから、双方が大切であると言われるようになった。
　欧米では、3、4歳児から義務教育にして国全体で子どもたちを育てていくという機運が高まっている。子どもたちが冒頭で述べた様々な問題に立ち向う力を蓄えるためにも、乳幼児期から温かな教育を与えていきたい。

第2節　幼稚園教育要領　領域「人間関係」

　2017年度の改訂により、3歳以上児の幼稚園教育要領（以下、教育要領）、保育所保育指針、幼保連携型認定こども園教育・保育要領の保育内容が統一され、どの幼児教育施設でも一定以上の質の幼児教育が受

けられるようにした。ここでは、教育要領の領域「人間関係」について述べていく。

1 「資質・能力」の3つの柱とは

　2017年の改訂により新たに、幼稚園教育において育みたい「資質・能力」の3つの柱と小学校教育との円滑な接続のための「幼児期の終わりまでに育ってほしい姿」が示された。

　子どもたちの「生きる力」の基礎となる「資質・能力」の3つの柱とは、以下の3つのことである。

　1つ目の「知識及び技能の基礎」は、体験を通し、感じ、気付き、分かり、できるようになることであり、主に記憶できる、知識、読み書きなど学力の認知能力のことである。

　2つ目の「思考力、判断力、表現力の基礎」は、気付いたこと、できるようになったことを使って考え、試し、工夫し、表現することであり、認知能力と非認知能力のことである。

　3つ目の「学びに向かう力、人間性等」は、「心情、意欲、態度」が育つ中でよりよい生活をしようとすることであり、主に人を思いやる気持ちや忍耐力、継続力などの非認知能力のことである。これは、領域「人間関係」に関することで、教育要領の「ねらい」の中にも示されている。

　この3つの柱の根底には、生きていく上で大事な自己肯定感がある。「学びに向かう力、人間性等」を土台にしながら、「知識及び技能の基礎」と「思考力、判断力、表現力の基礎」とを一体的に育てようとしている。つまり、知識や技能だけの早期教育をするのではなく、人から温かな触れ合いをしてもらうことで人を思いやることができ、遊びや物事に対し、意欲的に取り組むことができるようになり、それと共に知的な力も一緒に育てていこうということである。

　これら3つの柱は、小学校以上の学習指導要領でも大事にされ、それ

を具体的に述べたものが、「幼児期の終わりまでに育ってほしい姿」である。ただし、その姿の中でも領域「人間関係」に関連するものは、主に「自立心」、「協同性」、「道徳・規範性の芽生え」、「社会生活との関わり」である。この姿は、小学校への接続を分かりやすくするもので、到達すべき目標ではないことを留意したい。

2 領域「人間関係」のねらい

　人間関係の基盤となるものは、身近な周囲の人から愛されている、守られているという安心感と信頼感である。それがなければ、不安で思い切り遊ぶことができない。そこでまず、保育者としっかりとした信頼関係を結ぶことが必要である。

　子どもたちは、保育者や友達と関わる中で、自分の気持ちを表現し、周りの人の気持ちも理解できるようになり、共に活動する楽しさを味わうようになる。ときには、考えの違いや物の取り合いなどで自己主張のぶつかり合いもあるが、葛藤の中、互いに折り合いをつけながら、工夫したり、協力したりして一緒に一つのことをやり遂げることの楽しさも味わう。そして、友達と一緒に活動することで互いの理解が深まり、共感でき、思いやりももつようになる。子どもたちは、日々の遊びを通して、友達とのコミュニケーションの取り方、喧嘩をしたときの対処の仕方を学んでいく。保育者は、解決方法をすぐに子どもたちに伝えるのではなく、どうしたらいいのかと、考える機会を与え、子どもたち自身で気付いていけるようにする。その中で子どもたちは、園生活の中でのきまりやルールを身につけていくようになる。

3 領域「人間関係」の内容

　初めて親元を離れ、集団生活の中に入る子どもたちは、不安いっぱいである。まずは、保育者が温かく迎え入れ、しっかりとした信頼関係を築くことが園生活をスタートさせる上で一番大切なことである。そうす

ることで、子どもたちは、安心して幼稚園に通うことができるようになる。そして、保育者の心の支えがあれば、子どもたちは行動範囲を広げていくことができるのである。

　3歳児でしっかりと保育者との信頼関係を結び、4歳児で友達と関わり自己主張することで受け入れられたり、拒否されたりすることを経験し、友達同士との関係を育んでいくようになる。5歳児では、さらに友達と共通の目的に向かって工夫したり、協力したりする楽しさを味わうことが大切である。友達と思いが一致して楽しく喜び合うことがある一方、友達の考えと合わずに悔しく悲しい思いをすることもある。このようなとき、自分の気持ちに共感してくれる友達の存在が大きな支えとなり、その友達が喜んだり、悲しんだりしたときには、友達の気持ちになって感じることができるようになってくる。保育者は、友達関係を深められるように援助するとともに、保育者自身が思いやりのある行動を示したり、友達の思いに気付けるような働きかけをしたりする。

　さらに人間関係が広がり、高齢者や地域の人たち、障害がある子どもたちとの交流を通して、人と関わる楽しさや、人の役に立つ喜び、互いに支え合いながら生きていくことの大切さを感じることで、豊かな人間性を育んでいけるようにすることが重要である。

4　領域「人間関係」の内容の取扱い

　子どもたちは、保育者との信頼関係のもとで、自ら考え、試し、工夫して失敗し、また試すということを重ねながら諦めずにやり遂げる力をつけていくようになる。例えば、子どもは折り紙遊びでイメージ通り折ることができずにかんしゃくを起こして泣いてしまうことがある。保育者は、その悔しい思いを受け止め、一緒に考えながら折ることで、折り紙が楽しくできたという思いになるように援助する。その積み重ねで諦めずにやり遂げることの楽しさを覚えることができる。

　子どもたちは集団生活の中で保育者や友達に認められる体験をするこ

とにより、自信をもって行動できるようになる。周りの人たちに温かくありのままの姿を認められていることを感じると、自己発揮ができるようになる。園の帰りの会などで、子どもが一生懸命に作品をこしらえたことや、縄跳びが跳べるようになったことなど頑張っている姿を、保育者がクラスの子どもたちに伝えることで、自信がもてるようになる。子ども同士も影響を受けて育ち合っていくことができる。

　また、友達と一緒に活動する楽しさや共通の目的が実現する喜びを覚えるようにする。例えば、保育者が段ボールを用意することで家を作って遊ぶという活動の共通の目的ができ、家の設計など、イメージをもち、工夫したり、協力したりする。それぞれ役割分担し、一緒に作り上げることにより、充実感や満足感を得ることができる。

　このような関わりの中で他の子どもたちの存在に気付き、相手を尊重する気持ちをもって行動するようになる。積み木での基地作りを例に取ると、作り方のイメージの違いから意見がぶつかり、我慢したり、友達の思いを受け入れたりしながら活動を展開していく。状況により保育者は、双方の話を聞き取り「こんな気持ちだったんだね」と、絡み合った気持ちを整理して、互いの気持ちを丁寧に伝える。すると、自分の思いが受け止められたという思いから、相手の気持ちも受け入れることができるようになることもある。保育者は、子どもたち一人ひとりの気持ちを把握し、適切な援助を行うことが大切である。

　集団の中で人との関わりを深めることにより、規範意識の芽生えが培われる。保育者との信頼関係に支えられながら自己主張したり、折り合いをつけたりする経験を重ね、きまりの必要性に気付き、自分の気持ちを調整する力をつけていくようになる。ドッジボール遊びでは、勝敗を争い、楽しい思いや悔しい思いもするが、友達と力を合わせて遊ぶ楽しさを味わえるようになる。ときには、外野でボールの取り合いをしたり、内野でボールが体に触れても外野に出なかったりなど、ルールを守らないことで遊びが中断し、仲間関係が崩れてしまうこともある。こうした

体験を通し、子どもは次第に自分の気持ちを調整できるようになっていく。保育者は、子どもたちの思いも大切にしながら、きまりを守らないと周りの友達がどんな気持ちになるのか、今後どのようにしたらいいのかなど、きまりの必要性を伝えていくようにする。

　また地域のいろいろな人々と触れ合うことの楽しさや、人のために役立つ喜びを得られるようにする。園行事などで高齢者施設を訪問し、歌を披露することがある。子どもたちは、お年寄りが喜んでいる姿を見て、人の役に立つ喜びを味わう経験をすることでボランティア精神を養うことにもなるだろう。さらに家族の愛情に気付き、家族を大切にしようとする気持ちが育つようにする。誕生会などで家族からメッセージをもらうことで、家族から愛されていることを実感して、情緒が安定し、幼稚園でも自己発揮ができるようになる。

【引用・参考文献】
無藤隆監修『イラストたっぷり　やさしく読み解く　幼稚園教育要領ハンドブック2017年告示版』Gakken、2017年
汐見稔幸『さあ、子どもたちの「未来」を話しませんか』小学館、2017年
「幼保連携型認定こども園教育・保育要領　幼稚園教育要領　保育所保育指針中央説明会資料（幼稚園関係資料）」内閣府　文部科学省　厚生労働省、2017年7月
内閣府「今を生きる若者の意識〜国際比較からみえてくるもの〜」2013年
　〈http://www8.cao.go.jp/youth/whitepaper/h26gaiyou/tokushu.html〉
　（2017.11.29最終アクセス）
国立青少年教育振興機構「高校生の生活と意識に関する調査」2014年
「体験の風をおこそう」2017年
　〈http://www.niye.go.jp/kanri/upload/editor/98/File/gaiyou.pdf〉
　（2017.11.29最終アクセス）

（大﨑利紀子）

第5章　領域「言葉」と教育課程

第1節　改訂幼稚園教育要領における言葉

1　幼児教育が目指すもの

(1) 3法令の改訂にみる幼児教育の在り方

　2017年に、「幼稚園教育要領」「保育所保育指針」「幼保連携型認定こども園教育・保育要領」の改訂（改定）がそろって告示された。幼稚園、保育所、認定こども園を幼児教育施設として認め、学校教育の基礎を培う教育の場として共通の考え方を導入したことが特徴である。

　改訂の背景には、近年の科学技術の進歩や情報化社会の広がりに伴って起こる新たな課題に対応する資質や能力が社会的な課題となっていることがある。また、子どもの現状を見ると、必要な生活体験が不足し、忍耐力や人間関係力の弱さや自己肯定感の低さなどが課題として取り上げられた。幼児教育では、幼児期にふさわしい生活を展開しながら主体的に学び続け、自らの力を発揮して、さまざまな人との協働で問題を解決する力を育み、人格形成の基礎を培うことが求められるのである。

(2)「資質・能力」と「幼児の終わりまでに育ってほしい姿」

　今回の改訂では、どの保育施設に通っても、幼児教育で育む「資質・能力」と「幼児の終わりまでに育ってほしい姿」を目標として明確に示している。

　「資質・能力」として、①豊かな体験を通して「知識及び技能」を育

む、②自分の力を使って考えたり試したり表現したりするなどの「思考力、判断力、表現力等の基礎」を育む、③心情、意欲、態度が育つ中でよりよい生活をしようとする「学びに向かう力、人間性等」を育むこと、の3点である。

「幼児の終わりまでに育ってほしい姿」は、5領域の内容を整理したもので、①健康な心と体、②自立心、③協同性、④道徳性・規範意識の芽生え、⑤社会生活との関わり、⑥思考力の芽生え、⑦自然との関わり・生命尊重、⑧数量・図形、文字等への関心・感覚、⑨言葉による伝え合い、⑩豊かな感性と表現、の10の姿である。

なかでも、⑨言葉による伝え合いは、他の9つの姿とも大きく関わってくる。言葉は、自分と他者とのコミュニケーションの手段として欲求、要求、感情、体験、知識などを伝える大きな役割があり、③協同性、④道徳性・規範意識、⑤社会生活との関わり、には言葉が大前提となる。さらに、自分に対して心の中で、言葉を用いて考えたりイメージしたりすることは、⑥思考力の芽生えや⑩豊かな感性と表現、そのものである。そして、子どもの行動は他者からの言葉による指示と、自分の内心の言葉でコントロールされることや行動を通して自己理解も深まっていくことから、言葉なくして、②自立心は育めないともいえる。

2　教育課程の役割と編成

(1) 教育課程の役割

「幼児の終わりまでに育ってほしい姿」を踏まえて、それぞれの保育施設では全体的な計画としての「教育課程」を編成しなければならない。

幼児期の心身の発達に即し、地域の実態に応じての工夫をした「教育課程」は、各保育施設の基本的な方針を家庭や地域と共有するための資料としての役割がある。また、幼児教育のねらいが総合的に達成されるように編成した教育課程は、各保育施設が組織的・計画的に保育を実践し、評価し、改善を図っていくというカリキュラムマネジメントをしな

がら、保育の質の向上を図っていくための役割がある。

「教育課程」をもとに、さらに具体的な「指導計画」（年間・期間・月間）を作成していく。子どもは、保育者と十分な信頼関係を築いた上で、幼児期にふさわしい遊びを中心とした生活を展開し、身近な環境に主体的に関わりながら成長していく。保育者は、3つの「資質・能力」と「幼児の終わりまでに育ってほしい姿」を目指して、計画的に環境を構成し、発達に応じた活動を計画する。指導計画の期間が短いほど子どもの実態、自然環境等にそった計画となる。

(2) 教育課程編成上の留意点

基本的事項として、①生活の全体を通してねらいが総合的に達成されるように、長期的な視野をもって、充実した生活ができるように配慮すること、②教育週数は39週を下らないこと、③1日の教育時間は4時間を上限とすることとして、幼児の発達特性を尊重することが示されている。

さらに、留意事項としても、入園当初から他の幼児との関わりの中で主体的な活動が深まり、やがて学級全体で共同しての園生活が展開されるという過程を考慮すること、教職員の協力体制で安全な環境を配慮することを挙げている。満3歳児入園の場合は特に安全と安心の生活に十分な配慮をすること、年長児に対しては小学校との円滑な接続を図ることも留意すべきことである。

第2節 指導案の作成〜領域「言葉」〜

1 指導案の作成

(1) 指導案の内容

　まずは、「子どもの姿」を捉えることから始まる。保育者は、子どもの会話や行動から一人ひとりの子どもの発達や興味・関心を読み取る。また同年齢集団としての興味や遊びのグループの関係、異年齢児とのかかわり方など多面的に把握する。言葉の視点では、子どもの語いや会話、保育者への質問などから次の育ちへの見通しをもつようにする。次に、「子どもの姿」に保育者の願いを重ねて、次への育ちを「ねらい」として決めていく。そして、具体的に子どもが体験する「活動内容」へとつなげる。さらに、その活動に子どもが自ら関わりたくなるような「環境構成」を具体化する。

(2) 言語環境としての保育者

　言葉の領域では、環境の構成において教材（絵本、歌、紙芝居、かるたなど）の選択が重要であるが、人的環境としての保育者が一番子どもと言葉で関わっていることを、大切に考えなければならない。子どもの姿に対して、保育者が新しい言葉を伝えたり、順序よく話す姿を見せたり、子どもの気持ちを代弁したりと、日常の対応が子どもの心情や思考を刺激して言葉を子ども自身のものにしていくのである。特に、言葉があまり出ない子どもや人間関係が苦手な子どもへの援助には、適切な言葉かけと保育者との信頼が必要である。

2 保育における「言葉」指導の実際

(1) 基本的生活習慣と保育者の言葉

　基本的生活習慣と保育者の言葉の関わりは次のように考えられる。

食事　食事に関する言葉は数多く、食材や食器（箸、お椀、お皿、コップなど）の名称、動作を表す言葉（握る、持つ、すくう、残す、こぼすなど）、食感を表す言葉（おいしい、甘い、固い、べたべたなど）、食事前後の挨拶などである。

　保育者は、食事が栄養を身体に取り込むだけではないことを理解して、楽しい雰囲気を作りながら食に関する言葉を積極的に使って、子どもの食に対する関心を高め、言葉で表現できるようにする役割がある。また、子どもがスプーンや箸の技術を身に付け自分で食べられるようになることは、子どもの自立につながるので根気よく支援していく。

排泄　言葉の果たす役割は重要である。乳児期のおむつ替えの時から、保育者（親）がスキンシップをしながら目を合わせて、「おしっこで濡れてたね」「きれいにしましょ」「さっぱりしたね」「気持ちいい」などと皮膚感覚を言葉で伝えることで清潔感を体感させていく。目には見えない感覚を言葉で表現できると、やがて子どもからの排泄の予告ができ、自立への一歩となる。

着脱衣　家庭でも保育施設でも多くの機会をとらえて身につけさせることができる。手、足、頭、親指、人差し指、肘、膝、踵などの身体名称を豊かにするだけでなく、洋服の前後、上下、裏表など方向や位置の概念形成も行われる。さらに袖（そで）、裾（すそ）、袖口（そでぐち）、ボタン、ファスナーなどの言葉も必要である。

　保育者は、「ここ」「そこ」「こうして」の指示語でなく、「踵に合わせて」「親指と人差し指でつまんで」「袖口を引っ張って」などと話すのが望ましい。

(2) 遊びの発達と言葉の指導

　子どもは、遊びを中心とした生活の中で、友だち、自然、おもちゃなど多様な環境と関わりながら多くの言葉を獲得していく。

　3歳頃になると、1000語程度の言葉を使って集団遊びをするようになる。遊びを上手に進めるには社会的生活習慣と言われる挨拶や思いや

りを表す言葉、公共物の扱いに関する言葉、順番を表す言葉などを身につけ、人間関係を円滑にすることが必要になる。「かして」「いいよ」「順番ね」「こうたいして」というように、言葉のやり取りで簡単なルールを守った遊びができるようになる。これらの言葉は、3歳以前から保育者が子どもの遊びに調整役として関わり、望ましい言葉や行動の仕方を繰り返し援助した結果である。

4・5歳の遊びの特徴は、ごっこ遊びに見られる。お母さんごっこ、お店屋さんごっこなど、人数に応じてそれぞれの役割を決めて自分の経験や見聞きしたことを、言葉を駆使して再現していく。役割によって「ご飯できたわよ」「仕事に行ってくる」などの役割言葉で話したり、場面を変えるときには「〜しようよ」「〜してみたら」という言葉を使って状況を共有したり、どんどんごっこ遊びを発展させていくようになる。

【指導事例】お店屋さんごっこ
〈1〉 指導のねらい
○家庭や地域での経験を生かして、自分の考えを伝えたり、友だちの意見を聞いたりして、自分たちで遊びを進める楽しさを味わう。
〈2〉 本時の指導案(年中、年長組)

表1　　　※【言】は言葉に関する援助

時間	指導内容	環境構成・保育者の援助
9:00	○好きな遊びをする	・品物づくりがしやすいようにコーナーを分けておく
	・大道具や看板を作る	・ハサミやテープカッターの安全指導をする
	・品物づくりをする焼きそば、綿あめ、たこ焼き、お面など	・必要な材料を準備する(紙類、輪ゴム、割りばし、ペットボトル、毛糸など) ・手を貸しながら大道具や看板を作って雰囲気を高める
	・ゲームやさんの準備をする 的あて、ボーリングなど	【言】子どものアイディアや進行の言葉を注意して聞き取り、実現できるように対応する ・自分の思いを言い出せない子どもには聞き取りをして、話し方を援助する、また、周りの子ども達には友達の思いを聞くように仲介する ・制作の片づけをして場を確保する

10:00	○お店屋さんごっこをする	【言】順番決めにみんなが納得するように、話し合いを見守る
	・売り手と買い手を決める	【言】売り手と買い手が言葉のやり取りをしてごっこ遊びが楽しくなるように見守る、保育者も役を演じる
10:45	○感想を伝え合う	【言】したことに気持ちを加えて話すように話型を示して援助する
11:00	・片付けをする	

[筆者作成]

　保育者は見守りが多くなり、子どもは、友だちや保育者とともに楽しい遊びを通して聞いたり使ったりした言葉は自分の中に蓄積され、確かな言葉となるのである。

(3) 言葉の教材としての児童文化財

　言葉の発達を促す児童文化財を保育に取り入れるのは、保育者の役割である。

　児童文化財は、おもちゃ、遊具、伝承遊び、テレビやビデオ、絵本、歌、童話など多様である。風車やシャボン玉、風船で息を吐くことも発声や発音によいとされる。

　なかでも伝承遊びは、乳児にも幼児にも日常の遊びや活動に活用したい。準備がなくても声と自分の体を使って楽しむことができるよさがある。乳児には「にぎにぎ」や「ちょちちょちあわわ」や「いないいないばあ」がある。「にらめっこしましょ」や「せっせっせ」は見合って同じ言葉を重ね合わせて同じ動きをしながら、相手との関係を深める。外では「かごめ、かごめ」「だるまさんが転んだ」「はないちもんめ」が人数に関わらず楽しめる。

　保育者は、手本を示す役割、子どもと子どもが遊びを続けられるように見守り支援する役割、異年齢の子どもを意図的に誘う役割、年長児に誘わせる役割などを担う。その時の保育者の言葉が、子どもの中に取り込まれて、次に子どもが遊ぶときに自分の言葉として使われる。クラスでの遊びや異年齢との交流として指導計画に位置付けると共通の体験が

できる。

　ほかにも絵本、昔話などの読み聞かせや語りは、子どもの発達にさまざまな効果があると言われている。未知の言葉に出会って語いを増やすだけでなく、聞く力、意欲、集中力、理解力、思考力、想像力を伸ばし、保育者（親）との信頼関係を深め、その声で心を開放し、豊かな心情を育てることができる。保育者には、読み聞かせの技量を高め、よい本を選ぶ目をもつことが求められる。

(4) 行事に関わる言葉の指導

　保育施設での日常の生活に変化や潤いを与える行事は教育課程に明記し、教育的な価値や子どもの負担を考えて精選したものにすべきである。行事には、誕生会や子どもの日、修了式など成長の節目を祝う行事、七夕やお月見、運動会など季節を味わう行事、遠足などの園外保育や保健・安全に関する行事があり、子どもの豊かな心を育んだり、教育効果を高めたりすることができる。

　保育者は、行事の取り組み全体のねらいや活動を見通して、普段の生活の中に自然に子どもの関心を引くような環境を設定する。子どもがその行事を心待ちにし、少しずつ歌を覚えたり制作をしたりするなどの活動に楽しく取り組んで、達成感を味わえるように進めていく。

【指導事例】七夕に関わる活動
〈1〉　指導のねらい
　　〜ができるようになりたいなど自分の願いに気づいて短冊を書いたり、歌を歌ったり飾りを作ったりして七夕を楽しめるようにする。
〈2〉　本時の指導案（年長組）

表2　　　　【言】は言葉に関する援助

時間	指導内容	環境構成・保育者の援助
		・事前に笹の手配をする
10:30	・七夕の話を聞く	【言】中国の話、天の川などに使う興味をもつように絵本を使う

10:45	・「七夕」の歌を聞く ○笹飾りを作る ・自分の作ってみたい飾りを決めて、材料を選ぶ ・ハサミや糊の使い方に慣れる ・近くの友達と話したり手伝ったりして楽しく作る	・笹飾りを作って願い事をすることに関心をもつようにする 【言】さらさら、きらきら(擬態語)の様子を話し合う ○いろいろな飾りの見本を見せる ・折り紙、紙テープ、糊、セロテープ、ハサミなどを準備する ・自分の作りたいものを作る 【言】形や作業の言葉を正しく使って援助する(三角、四角、丸める、裂くなど) ・願い事や飾りの美しさなどを話題にしながら期待を膨らませる"
11:30	・片付けをする	・飾りづくりを振り返って、次の短冊づくりへ気持ちをつなげるようにする

［筆者作成］

　このように、子どもの期待がふくらんで主体的な活動が展開されると、子どもは、体験とともに新しい言葉を獲得し、言葉からイメージする力を伸ばしていく。だから、保育者は意図的に言葉を伝え、使っていかなければならない。言葉のイメージをわかりやすくする絵本や実物の提示、情報機器での動画を見せるなど視覚に訴えるのも効果的である。

(5) ひらがなの読み・書き

　幼児期に話し言葉を身につけると、子どもは自然に文字への関心をもつようになってくる。保育施設では、自分の名前、先生の名前、絵本、ひらがな積み木などが身近な言語環境となっている。幼児教育では一斉に文字指導は行わないが、子どもが興味をもつように環境を構成することは必要である。ひらがなの読みは、就学までにある程度身に付けている方が小学校での書く学習へ抵抗が少なくなる。

　最近は、保護者の関心が読みだけでなく、書く方へも高まっている。幼児期にひらがなを書くには、鉛筆の持ち方や筆順も正しく教えるのが望ましい。ひらがな指導は小学校の学習内容だが、誤った持ち方や筆順は修正がきかないという問題を発生させている。

［引用・参考文献］

谷田貝公昭監修、中野由美子・神戸洋子編　『言葉』（新保育内容シリーズ4）一藝社　2015年

無藤隆・汐見稔幸・砂上史子　『ここがポイント！3法令ガイドブック』フレーベル館　2017年

関仁志編著『保育指導案大百科事典』一藝社　2016年

（野川　智子）

第6章　領域「環境」
―植物を中心として―

第1節　領域「環境」の位置付けと「身近な環境」

1　領域「環境」のねらい

　2017年3月文部科学省告示の改訂「幼稚園教育要領」（厚生労働省告示「保育所保育指針」も準じる）では、次のねらいを示している。
　「周囲の様々な環境に好奇心や探究心をもって関わり、それらを生活に取り入れていこうとする力を養う。」
＜具体的なねらい＞
①身近な環境に親しみ、自然と触れ合う中で様々な事象に興味や関心を持つ。
②身近な環境に自分から関わり、発見を楽しんだり、考えたりし、それを生活に取り入れようとする。
③身近な事象を見たり、考えたり、扱ったりする中で、物の性質や数量、文字などに対する感覚を豊かにする。
　これらの「ねらい」を達成するために、①～⑫の活動内容を提示し、その取り扱いの留意事項①～⑤を挙げている。保育の現場では、これらの内容をもとに、他の四領域とのバランスを踏まえて、カリキュラムを作成している。

2 子どもの「身近な環境」の諸感覚による知覚

具体的な「ねらい」におけるキーワードに、「身近な環境（事象）」がある。子どもは、その「身近な環境（事象）」を知覚し、成長していく。また、生活の中での実感を伴う具体的体験を通して培われる関心・意欲が、その先の小学校以降の生活・学習基盤となる。

また、基本的な感覚としての三感覚（触覚・嗅覚・味覚）を伴った知覚は、長期記憶に残りやすいと言われている。加えて、情報の85％に知覚に関わるとされる二感覚（視覚・聴覚）がある。また、小学校生活科においても「見る、聞く、触れる、作る、探す、育てる、遊ぶ」などの様々な活動の楽しさを味わうことを目指している。自然には匂いや味、手触り等多様性に富んでいる。例えば、花、木、葉の匂い、木の実や果実の味、木や土の肌触り等、様々な要素がある。またインターネット上などでのバーチャルな世界においても、視覚・聴覚はリアルな映像や音響から現実に近いものとして知覚される場合もある。しかし、嗅覚・味覚・皮膚感覚の知覚はできない。

3 身近な環境としての野草

(1) 野草の素材としての価値

野草の多くはどこでも見られ、触れられ、すぐ採集できるような、私達の生活に身近な存在である。野草一つひとつには名前が付けられているが、あまり知られていない。注目されることもなく、一括りで「雑草」とも呼ばれ、迷惑なものに扱われる傾向さえある。しかし、そうした野草にも「生き延びる知恵」や「遊びに活用できる特徴」などが多くあり、それは野草の不思議さや面白さに繋がる。このことは、子どもが関心を向け、遊びを楽しむ対象に向いているとも言える。その遊びをするに当たって、見た目や匂い、手触りなどの諸感覚を駆使することになるので、なおさら体感を通した深い印象に残ると思われる。

(2) 原体験としての草花遊び

身近な環境における幼少期の原体験（proto-experiennce）について、山田（1992）は原体験を「生物やその他の自然物、あるいはそれらに醸成される自然現象を触覚・嗅覚・味覚をはじめとする五感を用いて知覚したもので、その後の事物・事象の認識に影響を及ぼす体験」と定義している。

幼児期は多様な直接体験による具体的意識の豊かさによって、知的にも情緒的にも発達していく。それは原体験として心の深層に残り続け、その人の生き方に影響をもたらすとも言われる。草花に関心を持ち、遊びを楽しむには、屋外や園外に出かけ、近隣の身近な自然に触れる直接的・具体的な経験をする活動が必要となる。そこには身近なものに主体的に関わる意欲と行動力も求められる。しかし、ここでは、子どもなりに自分と草花との関わりに気付けば良いと考える。日常生活の中で何気なく目にしていた草に名前があり、形や色、匂い、味などに特徴があり、不思議さや面白さに富んでいることを実感できる楽しい機会と捉えたい。

(3) 伝承的な遊びとしての草花遊び

自然のものを利用した遊びの中で、身近な草花遊びは手頃で取り組みやすい。かつての子どもは日常の遊びの中で、普通に草花遊びをしていた。草むら文化の一つとして、草笛、花の飾り、笹舟など、諸感覚を通しながら自然を味わうことができる。子どもにとっても、面白く、自然の不思議さに触れる機会となる。堤（2005）は、その特長として「①身近なもので作る ②自然の中で遊ぶ ③手・指先を使う ④感覚を使う」を挙げている。子どもはこうした遊び体験を積み重ねることで、身近な自然の存在に気づき、そこから遊びを発展させていくことが期待される。

第2節 諸感覚による野草の活用の分類

　ここでは諸感覚の7つの視点で、遊び体験として、領域「環境」等への活用が考えられる野草を紹介する。

(1)【視覚】見た目や形の面白さを発見する
　①シロツメクサ：四つ葉のクローバー探し　②カタバミ：葉がハート形
　③コニシキソウ：葉の中心に斑紋　④カヤツリグサ：穂が線香花火似
　⑤スギナ：緑の胞子がとぶ　⑥ホトケノザ：ハスの葉に仏様の座った姿
　⑦ハナイカダ：葉の真ん中に黒い果実　⑧マムシグサ：グロテスクな姿
　⑨ホタルブクロ：釣り鐘に見える　⑩イヌタデ：ままごとの赤飯代わり
　⑪ミゾソバ：葉が牛の顔の形　⑫ジャノヒゲ：青い実が弾む
　⑬オニグルミ：葉痕が顔に見える

活動のスナップ写真①

（筆者撮影）

(2)【聴覚】作って音を出してみる

＜笛＞①タンポポ　②カラスノエンドウ　③スズメノテッポウ　④アシ（クマザサ）　⑤イタドリ　⑥ノカンゾウ

＜楽器＞①ナズナの鈴　②クズの葉鉄砲　③ハギの葉鉄砲　④ニセアカシアの葉鉄砲　⑤ハランのラッパ

(3)【触覚】さわってみて感じる

＜ねばねば感＞①タンポポ：根茎の白い汁　②イシモチソウ：捕虫薬

＜ざらざら感＞①トクサ：葉の表面

＜ちくちく感＞①イラクサ　②アザミ　③イシミカワ：下向きのトゲ

＜ふわふわ感＞①タンポポ：綿毛　②チガヤ：穂　③オランダミミナグサ：葉ふかふか　④エノコログサ：毛虫遊び　⑤チカラシバ：ふさふさの穂

(4)【嗅覚】においをかいでみる

①シソ：特有のいいにおい　②ヨモギ　③セリ

④キュウリグサ：キュウリのにおい　⑤ノビル：ネギのにおい

＜いやなにおい＞①ヘクソカズラ　②ドクダミ　③クサギ　④ゴマキ

(5)【味覚】味わってみる

＜ミツを吸う＞①オドリコソウ　②スイカズラ　③ムラサキツメクサ

＜味わう＞①クサボケ：実を食べる　②イタドリ：すっぱい若い茎を食べる　③スイバ：葉や茎を食べる　④カタバミ：酸っぱい汁が10円玉をピカピカに　⑤スノキ：葉を食べる　⑥ニガナ：にがい葉　⑦タンポポ　⑧フキ（フキノトウ）　⑨オランダガラシ（クレソン）　⑩ウド　⑪ツクシ

(6)【遊び】

＜ひっつき虫＞①オナモミ　②メナモミ　③センダングサ　④イノコズチ

＜投げ矢（花とばし）＞①ススキの矢　②ヨモギの投げ矢　③セイタカアワダチソウの投げ矢　④ハルジオン（ヒメジョオン）の花とばし

＜風車＞①タンポポ：水車にもなる　②レンゲソウ
＜アクセサリー＞①タンポポ：首飾り　②シロツメクサ（レンゲ）：王冠　③タンポポ：腕時計・指輪　④ヤエムグラ：ペンダント　⑤フキの葉（ヤツデ）：お面
＜舟＞①ササ　②アシの舟
＜相撲＞①オオバコ　②タンポポ　③カタバミ

(7)【面白い呼び名の草】
①オオイヌノフグリ：実が睾丸の形　②ビンボウグサ（ペンペングサ）
③ヘクソカズラ：臭い　④ママコノシリヌグイ：とげが尻までささる
⑤ハキダメギク：ゴミ捨て場で発見　⑥ブタクサ：秋の花粉症の原因
⑦ヨッパライソウ：正式名はスベリヒユ　⑧クズ：別名デビルプランツ
⑨ヤブレガサ：見た目の通りの破れた傘

第3節　筆者の実践例

　筆者は「草オジサン」のキャラクターになり、保育所等の現場で「野草たんけん隊」をテーマにした試行的な実践に取り組んでいる。今回は、その実践のうちの一例を取り上げる。

1　実践例　　保育内容「環境」　　実践者　橘田重男（草オジサン）
活動テーマ　「野草たんけん隊」
（1）ねらい　身近な野草を探しながら、楽しく遊ぶ。
（2）対象　　5歳児（年長クラス）34名（山梨県内S保育園）
（3）活動内容（略案）

＜子どもの姿・活動＞	＜保育者の援助・配慮＞
（5分）	
○活動の内容や方法を知る。	○大まかな内容を説明する。
（20分）	

○園内の野草10種類を探して、ビニル袋に採集する。 ・大きさ・葉の形・花などの違いに注意する。 ・友達と相談しながら探す。 ・知っている草と知らない草を分ける。 ○タンポポ ススキ スギナ カタバミ オオバコ など （10分） ○日陰に集合し、採集した草を見せ合う。 （5分） ○活動の感想を出し合う。	○子どもに付き添い、探すヒントを出す。 ・危険（ハチや皮膚かぶれなど）のないよう注意をする。 ・苦手な子どもには配慮しながら援助する。 ・遊び方を知っている子どもはその場で遊ばせる。 ○見せる草に、必要に応じてコメントする。（草の名前・特徴・匂い・味・遊び方など） ○評価の言葉をかける。

活動のスナップ写真②

（筆者撮影）

(4) 活動の結果

① 採集した草の数　全25種　一人平均4.8種

② 採集した草の名前　スギナ　ギシギシ　カタバミ　ツユクサ　ヒルガオカモジグサ　ハルジオン　スベリヒユ　クワクサ　ヤブガラシ　エノコログサ　ハハコグサ　マツヨイグサ　オニノゲシ　エノキグサ　センダングサ　カナムグラ　メヒシバ　ヘクソカズラ　タンポポ　シロザ　イヌムギ　ミゾソバ　ススメノカタビラ　カラムシ

(5) 幼児の主な感想（活動後、教室で担任からの聞き取りによる）

・友達と一緒に草を集められて楽しかった。
・いろいろな草や可愛い花があって面白かった。
・丸や四角やギザギザなど、いろいろな形の葉があってびっくりした。
・臭い葉っぱがあって驚いた。
・ネコジャラシ（エノコログサ）の手品が面白かった。

2　実践を通した考察

「野草たんけん隊」としてゲーム・遊び感覚で行った。細かい指示は出さない中、幼児はエリア内で夢中になって種類の違う草を探した。多くの幼児が「楽しい」「面白い」と言いながら活動していた。まさに遊びに集中する姿であった。違う種類を探すために、花・葉・茎・形・大きさ・色などについて観察し、手触りや匂いを嗅ぐなどの諸感覚を働かせながら確認していた。このように野草を活用することで、初めてじっくり見た草から色や形の面白さなど、日頃見過ごしていたことに気付き、自然の不思議さを膚で感じる体験となった。これらのことから、幼児が身近な植物（自然環境）を見直す契機になったと考えられる。

第4節　領域「環境」から低学年生活科への繋がり

　今回の野草を活用した領域「環境」の保育実践は、「物・人・事を通した教育」の間接教育（倉橋）の一環であるとも言え、野草が「物」にあたる。また生活の延長上での草探しの体験を主体に、幼児の発見・創造活動に委ねる「生活の教育化」という面もある。保育の段階での領域「環境」の内容として、野草のテーマでは、見たり触ったりしながら草の違いに気付く、手触り感、臭いを嗅ぐ、味わうなどの、十分な実体験を積むことが重要となる。実践における幼児の感想は、「楽しかった、面白かった、驚いた」などの感情を伴う実体験となっていた。この体験が生活科に繋がると考えられる。

　今回提示された「幼児期の終わりまでに育ってほしい姿」（新幼稚園教育要領、保育所保育指針も準じる）の中の「自然に触れて感動する体験を通して自然の変化などを感じ取り（中略）身近な事象への関心が高まるとともに、自然への愛情や畏敬の念をもつようになる」にも通じる。

　野草を扱った生活科の実践には、①草を使った伝承的な遊び、色水で描く絵、ブローチ作りをして野草の名前を覚える。②（樹木も含めた）葉っぱ集めをして、大きさ・長さ・感触・匂いなどを比べる。③通学路の雑草を分担して調べ、写生し、名前を調べ、それを生活科マップに入れる、などをはじめとした事例がある。何れも野草に直接触れる体験活動を行っているが、体験の先に「野草の名前を覚える」「葉の特徴を知る」「名前を確認し生活科マップに書き入れる」などの学習課題がある。

　事例における児童の感想には、領域「環境」とは異なる、「草の名前を覚えた」「比べてみて、どういう違いがあるか気付いた」などがある。これらは学習課題に対応した感想である。

【参考文献】

岩槻秀明『やさしい身近な自然観察図鑑・植物』いかだ社、2014年

藤井伸二監修・高橋修著『野草図鑑』ナツメ社、2014年

森昭彦『身近な雑草の不思議』ソフトバンククリエイティブ、2009年

山内昭道・八並勝正『領域　環境』同文書院、1999年

山田卓三『体を感じる　遊び事典』農文協、1998年

栗原光子「身の回りの野草を知る」『文教大学教育研究所紀要16号』2007年

堤藍子「生活科における伝承的なあそびの教材性に関する研究」『愛知教育大学紀要』2005年

野田敦敬「初等教育における自然体験の重要性」『愛知教育大学教育実践総合センター紀要第4号』2001年

（橘田　重男）

第7章 領域「表現」（音楽表現）

第1節 「表現」のねらい

1 幼稚園教育要領と保育所保育指針

　幼稚園や保育所の現場において、音楽的活動内容に求められているものは何であろう。その内容を示したものが、文部科学省による「幼稚園教育要領」と厚生労働省による「保育所保育指針」の領域「表現」の「ねらい」と「内容」にある。この章ではそれぞれの内容を紹介し、各節で具体的な活動内容を解説する。生き生きとした音楽表現活動を展開し、保育者の子どもたちへの適切な音楽的援助を期待したい。

2 「表現」の3つのねらい

　幼稚園現場での音楽的表現活動は、幼稚園を卒園するまでに期待される心情・意欲・態度が、幼稚園教育要領に領域「表現」のねらいとして、次の3項目が示されている。感じた事や考えた事を自分なりに表現する事を通して、豊かな感性や表現する力を養い、創造性を豊かにする事を目指している。

> (1) いろいろなものの美しさなどに対する豊かな感性をもつ
> (2) 感じたことや考えたことを自分なりに表現して楽しむ。
> (3) 生活の中でイメージを豊かにし、様々な表現を楽しむ。

（1）では、幼児は日々の生活の中で身近にある環境と関わりながら、興味ある事などを発見し、美しさなどを感じ心を震わせている。そのような心の動きを大切にし、子どもの心情を大切に育てる配慮が求められる。風や雨の音など身近な自然の中にある音などに気付き、子ども同士や保育者と感動を共有し、様々に表現することが豊かな感性の育ちに結びつく。

（2）では、子どもたちが強く心に感じ考えた事を表現し、自分の声や体の動き、そして、思い思いの素材で表現する意欲を持てるように援助し、その幼児らしい表現を受けとめてあげる事が大切である。

（3）では、子どもの身近な環境の中での音楽体験を通して、親しみを持って楽しく表現する態度を育てたい。領域環境の「ねらい」に述べられているが、我が国の文化や伝統に親しむ為に、唱歌、わらべうたを楽しみ伝統を大切にした日頃の遊びを通して、自然に社会や国際理解への芽生えを身近な音楽活動によって育てたい。正月や節句など我が国の伝統的な行事、国歌、唱歌、わらべうたや伝統的な遊び、様々な文化を体験し社会との繋がりを意識し国際理解の芽生えを養う事が大切である。

第2節　幼稚園教育要領「表現」の内容

>（1）「生活の中で様々な音、色、形、手触り、動きなどに気付いたり、感じたりするなどして楽しむ。」

　幼児は、生活の中で、例えば、身近な人の声や語りかけるような短い歌、珍しい遊具、手触りのよいものなどに心を留め、その喜びや快感を全身で表現する。生活の中で刺激を受け、反応し、感覚を働かせてそれぞれ受け止め、気付いて楽しんだり、おもしろさや不思議さなどを感じ

て楽しむ。この様な体験を繰り返す中で、諸感覚が磨かれ、豊かな感性が養われていく。そのためには、幼児を取り巻く環境を重視し、様々な刺激によって幼児の興味や関心を引き出すような魅力ある環境を整える事が大切である。保育者は幼児が周囲の環境に対して何かに気付いたり感じたり、その気持ちを表現しようとする姿を温かく見守り、共感し、楽しく関わる事がとても大切である。

> (2)「生活の中で美しいものや心を動かす出来事に触れ、イメージを豊かにする。」

　幼児が出会う美しいものや心を動かす出来事は、完成されたものだけではない。草花や虫を見たり、身近な動物の生命の誕生や終わりに遭遇するなどの経験から、喜び、驚き、悲しみ、怒り、恐れなどを心で感じ取りそれぞれのイメージを持つ。この体験から幼児は気持ちを様々な表現方法で表そうとする。このような体験を通して、幼児は具体的なイメージを心の中に蓄積していく。そして、生き生きとイメージを広げ、心の中で深めて思いを豊かにしていく。保育者は幼児の心の動きをしっかり受け止め、共感する事が大切である。その為には、柔軟な心で一人ひとりの幼児と接し、保育者自身も豊かな感性を持つ事が必要である。保育者のイメージを押し付けたりするのではなく、幼児のイメージの豊かさに関心を持って関わり、それを引き出していく事が大切である。幼児が心の中に豊かなイメージを蓄積すると、次第に想像力が広がり、更に新しいイメージへとつながっていく。

> (3)「様々な出来事の中で、感動したことを伝え合う楽しさを味わう。」

　様々な出来事と出会い感動すると、その感動を保育者や友達に伝えよ

うとする。つまり感動を周囲の人と共有する事で、一層感動が深まる。感動体験が幼児の中にイメージとして蓄えられ表現される為に感動を共有し、伝え合う事が大切である。この感動体験を伝える為には、何よりも安定した温かい人間関係の中で、表現への意欲を受け止める必要がある。幼児は、一人ひとりが思い思いの表現をしているが、すぐに分かる表現ではない事もある。3歳児では、じっと見る、歓声を上げる、身ぶりで伝えようとするなど言葉以外の様々な方法で感動を表現しているので、保育者は細やかに受け止め、共感を持ってあげる事が大切である。また、感動を皆で共有する事や伝え合う事の喜びを十分に味わう事も大切である。さらに、保育者にも幼稚園生活の様々な場面で、幼児と共に感動できる繊細な感性が求められる。心を動かしたり、幼児と感動を共有する事が大切なのである。

> (4)「感じたこと、考えたことなどを音や動きなどで表現したり、自由にかいたり、つくったりなどする。」

幼児は、感じたり、考えたりした事をそのまま率直に表現し、身ぶりや動作、顔の表情や声など自分の身体の動きや、音や色、形など自分なりの方法で表現している。その表現は、絵を描きながらイメージを言葉や動作で表現するなど、取り混ぜて未分化な方法で表わす。例えば手近にある物、声や動作などの手段で自分の気持ちを表したり伝えたりしようとする。保育者は、このような幼児の素朴な表現は、何に感動し、何を表したいのかなどの、表現する喜びを十分に味わわせたい。幼児は、様々な表現を楽しみ十分に味わう中で、次第に分化した表現活動に取り組めるようになる。

> (5)「いろいろな素材に親しみ、工夫して遊ぶ。」

幼児は、遊びの中で思わぬものを表現の素材とする事がある。木の枝や空き箱をいろいろに見立てたり、組み合わせ、自分なりの表現素材とする。この自分なりの素材を見つける体験が、創造的な活動の源泉となる。音を出したり、形を作ったり、身ぶりを考えて楽しむ為に、素材が豊かな環境を準備する事が大切である。例えば、遊びの中で、紙の空き箱をたたいて音を出したり、高く積み上げたり、それを倒したり、並べたり、付け合わせたり、形を変えたり様々に手を加えて遊びに展開して楽しむ。時にはそれを頭にかぶり何かの身振りをしたり、その活動で音を出してリズミカルな響きや動きを楽しむ事がある。また、身近な空き箱を工夫してままごとに使ったり、気に入った包装紙を貼って大切な物をしまう容器に利用したりする。このように一つの素材から様々な表現に工夫して作ったりする中でその特性を知り、それを生かした使い方に気付いていく。このような素材に関わる多様な体験は、次々と表現の幅を広げ、さらに音や動きに結ぶ活動へと表現する意欲や想像力を育てる上で大切な経験となる。

---

(6)「音楽に親しみ、歌を歌ったり、簡単なリズム楽器を使ったりなどする楽しさを味わう。」

　幼児は、一般に音や音楽に関わる活動が好きで、心地よい音の出るものや楽器に出会うと、いろいろな音を出してその音色を味わったり、好きなリズムを打ち鳴らしたり、即興的に歌ったり、音楽で身体を動かしたり、友達と一緒に踊ったりする。このように、幼児が思いのままに歌ったり、簡単なリズム楽器を使って遊んでその心地よさを十分に味わう事が、生活の中でますます音楽に親しむ態度を育てる。大切な事は、音や音楽で十分に遊び表現する楽しさを味わう事である。その為には、保育者が幼児の音楽をしっかり受け止める事が大切である。必要に応じて歌や曲が聴ける場、簡単な楽器が自由に使える場所を設け、音楽に親

しみ楽しめる環境を工夫する。また保育者と共に音楽を聴いたり、友達と歌ったり、簡単な楽器を演奏する活動を豊かにしていく。幼児は次第に想像性をめぐらし、互いに表現し合い、さらに表現を工夫して創り上げる楽しさを味わうようになる。一緒に音楽活動を経験する事が、将来音楽を楽しむ生活につながっていく。

(7)「かいたり、つくったりすることを楽しみ、遊びに使ったり、飾ったりなどする。」

　生活の中で体験した事を遊びに展開したり、飾ったりして楽しんでいる。遊びの中で自分で描いたり創ったりする活動を楽しみ、次第に遊びのイメージを広げている。幼児なりの楽しみや願い、遊びを大切にして表現意欲を満足させる事が重要である。素朴な表現でも思いや願いが込められている。幼児なりの見立てやイメージを楽しんでいるのである。さらに、友達と共通の目的を持って遊びを楽しめるようになると、遊びの中で色や形にこだわり、工夫する姿も見られる。描いたり創ったりして楽しみ、同時に自分の思いを表わし伝えている。このように、遊びの中で自己表現する気持ちを捉え、援助しながら表現意欲を満足させ喜びを十分に味わわせる事が必要である。

(8)「自分のイメージを動きや言葉などで表現したり、演じて遊んだりするなどの楽しさを味わう。」

　家庭や幼稚園の生活の体験を通して、心の中で様々なイメージを膨らませている。身近な環境での刺激を受け、心の内のイメージを思い思いに表現している。ままごと遊びでは家庭の生活をイメージして母親や父親の役を楽しんだり、ごっこ遊びを楽しんだり演じたりする。保育者はいつも幼児が安心して自分のイメージを表現できるように、子どもなり

の素朴な表現をしっかり受け止める事が大切である。共感してくれる保育者や、幼児がそばにいる事により、思いっきり動きや言葉で表現する事が楽しめる。一緒に生活し、共通の経験や感動の中で幼児は次第にイメージを共有し、相手と共に役割を決めたり、実際に演じる経験を展開する。また、ストーリーを持った遊びへと変化する事がある。それぞれのイメージを共有して共通のストーリーやルールを作り出し、ごっこ遊びができるようになってくる。保育者は、幼児の持っているイメージが遊びの中に表現されているかを理解し、イメージを十分に楽しむ為に環境を構成していく事が大切である。どのような物を幼児の回りに配置するかは、多様な見立てや豊かなイメージを引き出す事と密接な関わりを持つ。

第3節　保育所保育指針「表現」の内容

　保育所保育所指針では、表現に関する領域の育ちの内容について、幼児期の終わりまでに育ってほしい姿として、豊かな感性と表現の内容を示している。
　感性を働かせる中で、様々な素材の特徴や表現の仕方などに気付き、感じた事や考えた事を自分で表現したり、友達同士で表現する過程を楽しんだり、表現する喜びを味わい意欲を持つようになる。
　幼児は取り巻く身近な環境に興味を持って関わる事によって、心に感じた事や考えた事を表現する力を培い養う事を目指している。保育所で過ごす生活の中で発達過程を特に大切にした目標は次の通りである。
　(1) 乳児

・身の回りのものに親しみ、様々なものに興味や関心をもつ。
・見る、触れる、探索するなど、身近な環境に自分から関わろうと

> ・身体の諸感覚による認識が豊かになり、表情や手足、体の動き等で表現する。

　身の回りのものに興味や好奇心を持ち、興味あるものに触れ、音、形、色、手触りなどの感覚の働きを豊かに育てる事が望まれる。何より一緒に活動する事が必要である。そして、体、手指を使って遊びながら動きの発達や身体感覚を育てたい。そんな時に保育士が口ずさむ歌などは子どもの心を捉え、歌やリズムに合わせて手足や体を動かす楽しい展開が期待できる。

(2) 1歳から3歳未満

> ・身体の諸感覚の経験を豊かにし、様々な感覚を味わう。
> ・感じたことや考えたことなどを自分なりに表現しようとする。
> ・生活や遊びの様々な体験を通して、イメージや感性が豊かになる。

　子どもの身の回りには沢山の素材が溢れている。その素材でいかに遊びを展開するかが大切である。そして音、形、色、動きなどに気付き、音楽的なリズムや動きを身に付ける。一緒に歌ったり、手遊びや全身を使う遊びを楽しむ時に保育士も遊びの中でイメージを豊かにし、自分なりの表現を持てるよう働きかける。

(3) 3歳以上

> ・いろいろなものの美しさなどに対する豊かな感性をもつ。
> ・感じたことや考えたことを自分なりに表現して楽しむ。
> ・生活の中でイメージを豊かにし、様々な表現を楽しむ。

　美しいものや心を動かす出来事に多く触れ、感動やイメージを豊かに

する事が大切である。感動を伝え、感じた事や考えた事を音や動きなどで表現する活動がさらに表現の幅を広げてくれる。

また、歌を歌ったり簡単なリズム楽器を使う事が増え、楽しい遊びを経験する事によって、互いの感動やイメージを味わい、イメージを更に豊かに音や動きで表現し、演じる楽しさも経験できる。

豊かな感性は、身近な環境の中で育っていく。子どもの素朴な自己表現が大きく育つように保育士は大きな心で受け止め、働きかけて、表現する意欲を十分に発揮させていきたい。その為には保育士自身が感性豊かになれるように多くの文化に親しみ、経験し、楽しさを子ども達に伝えられるモデルになる意識が大切である。

【参考文献】

厚生労働省「保育所保育指針」2017年

文部科学省「幼稚園教育要領」2017年

谷田貝公昭監修、三森桂子・小畠エマ編著『音楽表現』(実践保育内容シリーズ5) 一藝社、2014年

安塚周一・片山喜章『新幼稚園教育要領　保育所保育指針　幼保連携型認定子ども園教育・保育要領がわかる本』ひかりのくに、2017年

武藤隆・汐見捻幸編『イラストで読む幼稚園教育要領　保育所保育指針　幼保連携型認定子ども園教育・保育要領はやわかりBOOK』学陽書房、2017年

（三森　桂子）

第8章　領域「表現」（造形表現）

第1節　子どもの表現

　子どもが表現をするということは、こころの趣くままに自由であり、こころを解放する手段としてなされる行為である。この世に誕生すると同時に産声をある行為もまた表現なのである。子どもは成長とともに、喜怒哀楽を顔で表し、手を動かし、声を出し、身体の部分を使い表現するようになってくる。決して大人が束博してはならない。生活や遊びの中で様々な表現手段に触れ、取得することにより表現の幅を広げていくのである。この章では子どもの表現における基本的な意味と、保育者としての美術教育の役割を解説していきたい。

1 表現とは

　表現には2つの意味がある。自らの意志による「表れるもの」と自らの意志によって「外に表すもの」がある。「表れるもの」とは心の中にあるものが外へと表しだすことで、本能的な行為であり、泣く、笑う、叫ぶ、怒るなどの表現方法がある。また「外に表すもの」は思いを人に伝達するという意味のある行為などである。どちらも表現として捉えることができる。本能的な行為は「表出」して、意志ある日常的行為を「表現」とし、双方とも保育者は受け止める感性を持たなくてはならない。「表現」とはまさに子どもの生きている証でもある。
　子どもは、生活や遊びの中で日常的に表現活動を行っている。表現をすることは無意識のうちに行われている。子どもが表現をするというこ

とは絶え間なく何かを表したい、伝えたいという欲求を満たすためのものである。自己を表現するということは、豊かな感性を養い心身ともに成長することである。子どもは日々表現しながら生きている。時に歌い、踊り、作り、生活のすべてが子どもの表現の場なのである。

　子どもはイメージの中で自己表現をする。冒険の世界に入り、生きる楽しさや、美しい世界に感動をする。悲しい世界に入り、希望を見つけ出す喜びを学ぶ。恐怖心と戦う世界に入り、そこで智恵や勇気を学ぶ。さらに絶望の世界に入り、希望を学ぶ。子どものイメージの世界が多様であるように保育者は子どもの多様性を受け入れなければならない。多様性に満ちた世界をこころのこもった言葉で語り、悲しい世界、冒険の世界、美しい世界、神秘的な世界、楽しい世界、不思議な世界、たくさんの世界を表現する子どもの手助けとならなければならない。

2　子どもの感覚

　子どもの発達の基本は、視覚、聴覚、触覚などの感覚の発達である。身の回りの現実を認識してゆく場合、感覚や知覚をもとにして、認識したり想像したり回想したりする自発的な活動を行うものである。美術は感覚の発達と深い関係にあり、色彩、形態、バランス、構成などを正しく知覚することが造形表現の始まりである。乳児期において、知覚は加速的、集中的、集約的に発達するため、触れて見ることで、感覚的能力の発達を促すことが保育の中心となる。子どもは、身近にある小さなものを一生懸命に見つめながら、わずかな形や色の違いを見分ける力を身につけるのである。この感覚をよりよく使う訓練のために、敏感な感受性が内面に生じるのである。感覚を磨いていく大切な時期ともいえるのである。換言すれば、一つ一つの感覚をよく磨くことが、将来において高い専門性・すぐれた芸術性・デリケートな道徳性などを身に付けることのできる土台をつくることになる。

　人間的発達の基礎創りをするためには、楽しく見る力を育て、発見す

触覚の刺激とこころの開放感を養う技法：フィンガーペインティンと泥だんご

る喜びの工夫が必要となってくる。人間としての正しい認識を獲得していく基礎はそれぞれの諸感覚である。したがって、知覚は生まれ持ったもの、また自然に備わっているのではなく、人間の知識や技術、社会での環境の中で、身につけるものである。この知覚を通して、さまざまな感情が生まれ、その中で人間的認識が形成されてゆく。

人間は、見る、聴く、嗅ぐ、触れる、味わう。という行為をし、その際に、目（視覚）・耳（聴覚）・鼻（嗅覚）・皮膚（触覚）・舌（味覚）という感覚器官を使う。感覚器官とは、目、耳、鼻、皮膚、舌を使い、人間の外側にあるものを自分の中に取り入れることである。感覚器官から環境刺激を受け入れ、その刺激が脳に伝えられる。そして、脳から次に運動器官に伝わるのである。これら、「視覚・聴覚・嗅覚・触覚・味覚」は人間が外の世界と関係を持つ大切な窓口である。この大切な窓口が完成し洗練されるのは3歳から6歳なのである。この時期にこの五感を一つずつ使うことによって、それぞれの器官を完成し、その器官の持っている機能を洗練するのである。

(1) フィンガーペインティング

指や手、全身に伝わる触覚や視覚、嗅覚を使って表現をし、感性を育てることのできるフィンガーペインティングは子ども同士のコミュニ

ケーションも生まれ、こころを解放する手段としての表現方法である。フィンガーペインティングは幼児期にとって刺激的な好奇心をかき立てるものである。フィンガーペインティングとは指に直接絵の具をつけ、紙や布などにこすりつけて表現することを言う。それだけではなく全身を使い表現ができるということでもある。身体全身から感じることのできる絵の具による触覚は色彩を楽しむこともできる。筆やクレヨン等で表現するものとは違い全身から直接脳に伝わる。その刺激に対しての子どもたちの行動は表現を楽しむだけではなく、全身を汚すことへの喜びが印象にもっとも残るものだということになる。

(2) 泥だんご

泥の感触を直接手から感じ取ることは、子どもにとって大きな喜びである。泥特有の持つ感覚は子どもにとって刺激的であり、心地よい感覚である。泥だんごは土に触れ、感触を楽しみながら自分だけの宝物を制作する唯一の作品なのである。感触を楽しみながら製作することは子ども本来の持っている感覚を使い、作りやすい泥の種類や手に伝わる硬さから柔らかさなどを感じながら完成させていく。完成時の表面処理など子どもが持っている五感を短かに感じながら完成させていく。

3　子どもらしい表現

子どもは、生活の中で芸術的な美しさを無意識に見つけ出そうとしている。そしてあたかもそれは、要求しているようにも思われる。子どもを取り巻く環境や、自然の移り変わりも子どもの身に起こる新しい事実を興味深く好奇心と発見の喜びを全身の感覚で受け止めている。水や砂、粘土のような触感覚な遊びを充分に過ごした子どもは豊かな情緒が養われ、社会性の広がりと共に創造性満ちた造形活動の発達がみられるであろう。

しかし現代社会の生活環境の変化などによって子どもの表現活動にも変化が生じているのも事実である。遊ばない子どもが増えてきたのは、

現代社会における負の現象であり、それは幼児の遊びを通してこそ解決されることなのである。子どもは、無意識な存在であり、すべて善である。保育者が手本となり、正しい姿勢を子どもに見せない限り、善悪の判断がわからないのである。子どもの生活は大部分が、イメージの中で過ごしており、子どもの遊びは、子どもの生活における表現でもある。子どもの自由な表現、無意識な存在こそが、本来の子どもらしい表現のテーマである。感性豊かに、イメージの世界の素晴らしさを表現することにより、無限に広がるイメージを自由な発想で、様々な角度から手助けをすることが、本来の教育ではないだろうか。

4 子どもの絵の発達段階（擦画期から図式期）

図1　子どもの絵の発達段階

年齢	擦画期	錯画期	象徴期	カタログ期	図式期前期
1					
2					
3					
4					
5					
6					

1歳頃から始まる肩と手が連動して初めてこすりつけることを覚えはじめる。床や壁などにクレヨンやチョークなど色のつく面白さからこすりはじめる。運動する快感と素材の面白さに興味を持ち始め、この時期の子どもの行為は無駄なものではなく意味ある行為なのである。この時期を擦画期という。

1歳半頃から点描を描き始める。手の働きが生み出す表現方法でなぐり描きという。なぐり描きは親や周囲の環境からクレヨンやサインペンなどを与えられ、紙に向かって遊んでいるうちに点や線を描くことができるようになってくる。この行為は手の機能の発達段階ともいえる。描くという意識ではなく、手を動かすことができるという快感からくるも

なぐり描き

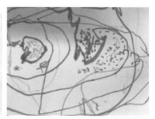

のである。なぐり描きの始まりは、一人遊びの形で絵を描くという表現方法を学んでいくということになる。手の感覚機能訓練でもあり、脳の発達段階でもある。月齢によって異なることがあるが、なぐり描きは万国共通で、点描画から始まる。

　なぐり描きの時期が終わると、物と自分との関係性が理解し、目で見てそれを理解して、絵を使い表現しようとする。次に形みたいなものが表現できるようになる。

　2歳頃から手の働きによる造形遊びや生活習慣により、新たな発達機能が生まれてくる。この頃になると、手の機能の中で指の発達機能による「つまむ」という行為が出てくる。この機能を獲得することにより、感覚機能が同時に発達してくる。視覚、聴覚、嗅覚、触覚などの感覚機能も発達するのである。2歳半頃から言葉を理解できるようになり、おおよそ400語位の言葉を覚える時期にあたる。喃語を話すようにもなる。喃語とは乳児が発する意味のない言葉で、言葉を獲得する前段階で声を出す練習を学習している。「ジィージ」「マァーマ」「パァーパ」「ブゥーブ」などがあり、この時期の子どもはこれらの喃語で命名（意味づけ）しながら手を動かし、マルや縦線、横線を自由に表現できるようになる。この時期の美術教育とは、子どもの発達に応じて、子どもの絵を発見し、子どもの絵を育てることが目的とされている。しかし、現代社会は大人が子どもの絵の表現力と創造力をゆがめている。一番の問題が、自分の

絵を教えたがる大人が増えているということである。つまり、花はこう描く、顔はこう描く、太陽はこう描く、と限定してしまい、子どもの本来持っている表現力や創造力、さらには観察力を遮断してしまうからである。子どもが保育者に対して「描いて」とせがむ光景を、よく目にすることがある。子どもの自主性を育てる大切さを理解しなければならない。聞いてあげる絵であり、子どもが表現することは、子どもの発達に必要不可欠な労働の一形態なのである。

　3歳前後の子どもの表現からは、丸が描けるようになってくる。象徴期前半は丸を描いてその中にまた丸を描き、口や目を描く。「これは、○○ちゃん」とはっきり命名して表現できる時期で、頭部人間を描き始める。この頭部人間のことを頭足人という。頭足人を初めて描く人物はほとんどが母親である。生まれた時からだっこをされて、一番身近な人物であるからである。頭足人の登場こそが、子ども宇宙観の広がりをより鮮明に描きだされる瞬間でもある。

　今まで何の意味も持たなかった絵に意味をつけるということは、自分の頭の中で想像の世界と線が一つにつながるということになるのである。

　このことについてローウェンフェルド（Viktor Lowenfeld 1903-1960）は、次のように述べている。

　子供はなぐり描きをしながら、何かお話をするようになってくる。汽車にも、おかあさんにも見えないけれども、かれは、「これは汽車」「これは煙」「これは買い物に行くおかあさん」といったりする。「このなぐり描きに注釈の付くこと」は、子供の思考が全く変化したことを示しており、子供の今後の発達にとって最も重要である。今まで子供は、自分の動作だけに完全に満足していたが、それ以外は、動作と想像的経験とを結びつけるようになる。動作を介しての（運動感覚的思考）から絵画を介しての（想像的思考）へと変化したのである。生涯のほとんどの思考が、絵画を介しての思考と関係していることを考えるならば、この変

象徴期前半の絵

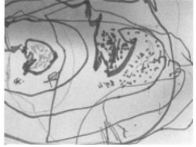

化がいかに決定的なものであるかを理解することができる

　ゴッホ、ミロ、ピカソ、クレーなどの画家たちは幼子のときの表現に戻り作品を描き続けたと言われている。天才的デッサン力を身につけていた彼らからは、想像ができないほど簡略化されている。それらの作品は数多くの感動を人々に与えてきたのである。
　4歳頃にかけて多語文でさかんな意味づけをするようになってくる。この意味づけは子どもの発達段階にとって、もっとも重要であり、頭の中で、想像力をふくらませ、クレヨンや鉛筆で、線を描きそのイメージに意味を持たせることによって、線とクレヨンが一体化することによって、象徴機能が少しずつではあるが発達するのである。このように、自分が想像したものを象徴的に表現できる時期を「象徴期」「命名期」などという。または「カタログ期」「図式期前期」ともいわれている（**表1参照**）。

第2節 領域「表現」とは

1 幼稚園教育要領の領域「表現」の位置づけ

2017年3月に文部科学省によって告示され、2017年4月より施行された幼稚園教育要領では、第2章「ねらい及び内容」の「表現」において、前述の保育所保育指針とほぼ同様の内容が示されている。幼稚園教育要領では、保育所保育指針と同様に「内容の取扱い」として次の記述がある。

2 内容の取扱い

（1）豊かな感性は、身近な環境と十分関わる中で美しいもの、優れたもの、心を動かす出来事などに出会い、そこから得た感動を他の幼児や教師と共有し、様々に表現することなどを通して養われるようにすること。その際、風の音や雨の音、身近にある草や花の形や色など自然の中にある音、形、色などに気付くようにすること。
（2）幼児の自己表現は素朴な形で行われることが多いので、教師はそのような表現を受容し、幼児自身の表現しようとする意欲を受け止めて、幼児が生活の中で幼児らしい様々な表現を楽しむことができるようにすること。
（3）生活経験や発達に応じ、自ら様々な表現を楽しみ、表現する意欲を十分に発揮させることができるように、遊具や用具などを整えたり、様々な素材や表現の仕方に親しんだり、他の幼児の表現に触れられるよう配慮したりし、表現する過程を大切にして自己表現を楽しめるように工夫すること。

このような記述があるのは、特定の表現活動に偏らず、幼児の素朴な

表現から友達と相互に楽しむものまで幅広く表現できるよう、見通しを持った準備・整備を行うことや、教師と幼児がお互いの活動が響き合うように環境を工夫することが大切だからである。さらに、幼児に愛情を持ち、可能性を信じて適切に接していくことも重要である。

1956年の幼稚園教育要領において、「領域」という言葉が使用され、1989年の改訂において、「音楽リズム」、「絵画製作」が一つになり領域「表現」となった。保育者は、さまざまな活動を通して行われる子どもの「表現」の過程を尊重しつつ、子どもの「心情」「意欲」「態度」を育てることとなる。なお、幼稚園教育要領に示されている「健康」「人間関係」「環境」「言葉」「表現」それぞれの領域の「ねらい」は、さまざまな体験の中で相互に関連を持ちながら次第に達成に向かうものであり、「内容」は、幼児が環境に関わって展開する具体的な活動を通して総合的に指導されるものであることに留意するよう示されている。

加えて、幼稚園教育要領第2章では、
「また、「幼児期の終わりまでに育ってほしい姿」がねらい及び内容に基づく活動全体を通して資質・能力が育まれている幼児の幼稚園修了時の具体的な姿であることを踏まえ、指導を行う際に考慮するものとする。

なお、特に必要な場合には、各領域に示すねらいの趣旨に基づいて適切な、具体的な内容を工夫し、それを加えても差し支えないが、その場合には、それが第1章の第1に示す幼稚園教育の基本を逸脱しないよう慎重に配慮する必要がある。」

と明記されており、学校教育法第22条に規定する目的を達成するため、幼児期の特性を踏まえ、環境を通して行うものであることを基本としている。

3 領域「表現」の概要

2017年3月に文部科学省より告示された幼稚園教育要領の領域「表現」は、保育所保育指針の領域「表現」とほぼ同じ「ねらい」と「内

容」である。改訂・改定前は幼稚園教育要領の「表現—内容」では、保育所保育指針の「内容」のうち①、②の記述や③の「味」「香り」に関することがなく、④では、「美しいものや心を動かす出来事」に触れることが幼稚園教育要領では付記されていること、また、2008年の改定により幼稚園教育要領の「表現」では、「内容の取扱い」についての事項が設けられていることが相違点として挙げられていたが、ほぼ全文、内容が統一された。なお、この「内容の取扱い」については、(1)「その際、風の音や雨の音、身近にある草や花の形や色など自然の中にある音、形、色などに気付くようにすること。」(3)「様々な素材や表現の仕方に親しんだり、他の幼児の表現に触れられるよう配慮したりし、」の一文が付け加えられた。これは、生活経験や発達に応じ、自らさまざまな表現を楽しみ、表現する意欲を十分に発揮させることができるようにするためである。幼児自らが心に感じていることは、表現する姿を通して他の幼児にも伝わり、他の幼児の心に響き、幼児同士の中で広がっていく。幼児同士の表現がお互いに影響し合い、幼児の表現は一層豊かなものとなっていく。教師は幼児がお互いの活動を見たり聞いたりして相手の表現を感じ取れるように、場や物の配置に配慮したり、教師も幼児とともに活動したり、相互に響き合う環境を工夫することが大切である。

　幼児の目に触れる環境を整えながら表現に親しみを持てるよう配慮する必要があろう。また、幼稚園は子どもが初めて経験する「学校」であり、学校教育法第22条では、「幼稚園は義務教育及びその後の教育の基礎を培うものとして、幼児を保育し、幼児の健やかな成長のために適当な環境を与えて、その心身の発達を助長することを目的とする」と示されている。幼児期を人間の基礎を培う大切な時期と捉え、「生きる力の基礎」を育成することを念頭に置くことをねらいとして、教育が行われることが望まれている。

【引用・参考文献】

文部科学省編『幼稚園教育要領＜平成29年告示＞』フレーベル館、2017年

厚生労働省『保育所保育指針＜平成29年告示＞』フレーベル館、2017年

幼保連携型認定こども園教育・保育要領文部科学省編『幼稚園教育要領＜平成29年告示＞』フレーベル館、2017年

武藤隆『3法令改訂（定）の要点とこれからの保育』チャイルド社、2017年

谷田貝公昭監修、おかもとみわこ・大沢裕編著『造形表現』（新・保育内容シリーズ6）一藝社、2010年

谷田貝公昭監修、おかもとみわこ・石田敏和編著『造形表現』（実践 保育内容シリーズ6）一藝社、2014年

Lowenfeld, M.竹内清、堀内敏、武井勝雄訳『美術による人間形成』勁草社、1979年

（おかもとみわこ）

第9章 造形表現の指導法
― 共同製作を通して ―

第1節 幼稚園教育要領改訂より

　子どもにとって個人製作であれ、共同製作であれ、一つの作品を完成させるまでの過程には、いろいろな思いを作品に寄せる。教師としてどの活動を通しても、子どもたち一人ひとりの思いが十分に発揮できるように配慮しなければならない。造形表現の中から共同製作を取り上げ、共同製作の意義、みんなで作る喜びや楽しさを味わうにはどのような工夫をしたらよいかを考えていくことにする。

　幼児の造形を通しての教育のねらいには3つある。1つ目に創造性の発達、2つ目に心身の発達、3つ目に表現力の発達があげられる。しかし、こういったねらいも、教師がはっきりとした目的を持ち、環境を考慮していかなければ教師自身の満足で終わってしまう。子どもの中にある「つくり出す力」「感性」「表現」を大事にしていきたいものである。

　教育基本法、学校教育法の改正を受け、幼児教育の重要性の認識は広がりつつある。その中で、今回の幼稚園教育要領の改訂から「第2章ねらい及び内容」の部分で、「人間関係」の領域に、

　①次のことを「ねらい」に示した。

> (2) <u>工夫をしたり、協力したりして</u>一緒に活動をする楽しさを味わうこと（下線部分追加）

②次のことなどを新たに「内容の取扱い」に示した。

> （1）諦めずにやり遂げることの達成感や、<u>前向きな見通しをもって自分の力で行なうことの充実感を味わう</u>（下線部分追加）
> （2）<u>自分のよさや特徴に気付き</u>、自信をもって行動できるようにすること（下線部分追加）

また、「環境」の領域に、
①次のことを「内容」に示した。

> （8）<u>自分なりに比べたり、関連付けたりしながら考えたり、試したりして</u>工夫して遊ぶ（下線部分追加）

②次のことを「内容の取扱い」に示した。

> （1）「自ら考えようとする気持ちが育つようにすること」から<u>自分の考えをよりよいものにしようとする気持ちが育つようにすること</u>（下線部分変更）

「表現」の領域に、
③次のことを「内容の取扱い」に示した。

> （3）<u>様々な素材や表現の仕方に親しんだり</u>、他の幼児の表現に触れられるように配慮したり、表現する過程を大切にして自己表現を楽しめるように工夫すること（下線部分追加）

　子どもたちは、関わる周りの大人であったり、教師であったり、友だちであったりと、"信頼"が子どもに自信をつける。また友だちとの衝突から葛藤を経験し、自分の気持ちを調整する力や友だちとの折り合いのつけ方等を身に付けていくことができるようにもなる。
　以上のことを踏まえ、共同製作を通して造形表現の指導法を考えてみよう。これは、G女子大学幼児文化学専攻の3年生を対象に「保育内容

（造形）」の授業で行ったものである。

第2節　共同製作を始める前に

1　共同製作を通して何が身につくかを考える

　学生には事前に、「共同製作を通して何が身につくか」「指導上の留意点」を考えてもらった。「共同製作を通して何が身につくか」には、
・自分のイメージ（自分の気持ち）を表現する力
・友だちと自分の作り方の違いを見つけ、自分以外の考えで作ることができる
・友だちと道具等を共有することで、思いやりの心が身につく
・相手を褒めたり、認め合ったり、思ったことを相手に伝えることができる
・役割分担ができる
・絵の苦手な子どもが好きになる
・（話し合いから作業まで）協調性を身につけることができる
・みんなで1つのものを作り上げる楽しさ（喜び）を感じることができる

以上のものは次の4つにまとめられる。
①みんなで1つのものを作り上げる喜びや助け合い、役割分担などが自然とできるようになり、連帯感が生まれる。
②相手を褒めたり認め合ったり、思ったことを相手に言ったり言われたりと、社会性を身につけることができる。
③自分のイメージや他の子どものイメージを共有したり、自分では思いもつかないものを見たりすることで、また新たな発見へとつながる。
④社会性であったり、協調性が身に付くにつれ、計画性もまた学んでい

くようになる。

2 指導上の留意点を考える

共同製作を行うにあたり、子どもに好き勝手させたり、教師が主体的にならないことに留意することは当然のことである。「指導上の留意点」について、
・意見を出せない消極的な子どもにも参加できるようにする
・子どもの意欲を尊重する
・内容は年齢・児童が楽しめるものに設定する
・時間配分や道具の取り扱い等に気を配る
・活動しやすい場所を確保する
共同製作をする上で、
①子どもたちの発達段階に即した内容であること。
②扱う教材の大きさや分担によって活動しやすい環境設定であること。
③子ども同士の話し合いや活動が計画的に行えるように余裕のある時間配分をすること。
④集団であっても一人ひとりの意見・作業を尊重すること。
⑤子どもにイメージがわきやすい言葉かけや話し方をすること。
⑥自己発揮できるようにする教師の言動でまとめる。
　以上のようなことに配慮しながら、活動を行うようにすることが必要である。

第3節　共同製作を行う

1　紙の大きさと与え方・使い方

通常、子どもが絵を描くときに使用するのは画用紙である。しかしい

つも同じ大きさの画用紙に固定するのではなく、いろいろな大きさ、材質のものを使わせるのも大切である。

　また、子どもに絵を描かせる際に、年齢や目的に応じた大きさを用意することも大切である。一人でこつこつ絵画をするときなどは、八つ切画用紙を縦に置いてみたり横に置いてみたりする。ときに好きな形に切った小さな画用紙でもよいだろう。共同絵画になった時には、1枚の大きな形（模造紙やロール紙）を使用する。しかし、大きな紙の使い方も工夫させるのもおもしろい。1枚の紙に皆で絵を描くこともよいだろう。また、テーマを決めて1枚の紙を適当に切り、再度つなぎ合わせてみんなで仕上げてみる。共同製作をする上で紙をどのように使うか、最後をどうまとめるかに共同製作の意味がある。

2　共同製作の実践例

　共同製作として、模造紙を使っての絵画と製作を選び、1グループ4名ないし5名に分かれて行った。共同製作を行うにあたって、前節の「指導上の留意点」でも述べたように、テーマをグループごとに決め、それに沿った時間配分、環境構成（方法）、役割分担等をしっかり話し合わせた。使用する紙は模造紙1枚とする。教師からの規定は一切与えず、「好きなように工夫してみましょう」ということだけが伝えてある。

　しかしこの時の「好きなように」ということがとても難しい。まず最初に「何をしてもいいんですか？」と再度確かめる質問が聞かれた。「好きなように紙を使ってください」と答える。すると次に「切ってもいいですか？」「折り紙を貼ってもいいですか？」こういった質問のやり取りから、グループの話し合いでイメージが膨れ上がり、1つの作品を作ってみようとなる。ここで気づくことは、最初に「模造紙を好きなように工夫してみましょう」と伝えてあるにも関わらず、学生がまず確認をしてくる。やはり「好きように」という言葉は、とても曖昧で、何をしてよいのか迷う言葉である。他の人の質問を聞いたり、隣の様子を

伺ったりしながら自分たちのグループの活動を決めていく。質問をしていくことを通して、「好きなように」という内容をまとめていくようになる。そしてある程度イメージができて、製作へと移っていくのである。子どもに対しては、このように「好きなように」ではなく、教師が子どもたちに対してきちんと目的を持って、活動できるようにしていくことが大切であるということが理解できる。

　最初の話合いは"何を描く"ということより"紙をどう使う"ということに集中していた。そして紙の使い方が決まると、絵の内容へと話が進んでいった。

＜実例1＞

テーマ：「秋の森」

　この班は、模造紙を4分割し、1人1枚ずつに秋にちなんだ絵を、クレパスで描く。ここまでが前半の時間配分とした。後半は、それぞれの絵を横につなげる。最後は4名で絵の具を使い、仕上げっていった。

　各々が描いた絵を何度も並び替え、ストーリーを作っていくことに時間をかけていた。製作終了後、学生自身「どのように出来上がっていくのか、絵を並べ変えているときが一番楽しかった。そしてよく笑い、よく話をした」と感想を述べていた。何をするか話をしたときには、完成をどうするという話し合いは行っていない。あくまでもばらばらに絵を描いてからストーリーを決めるということを話し合いで決めていた。だからこそ何度も絵を並べ変え、ストーリーを決めていくことに時間がか

製作の様子　　　　　　　　　完成作品

かったのも理解はできる。これは、幼稚園教育要領の「内容の取扱い」に示された"様々な素材や表現の仕方に親しむ"に相当する。まずは学生自身が体験をし、そこで何を感じ、思うのか。そしてこの活動を子どもに行う場合、どのような流れで指導していったらよいか、また教師もある程度補助を行いながら活動を進めていかなければならない。子どもたちの主体的に保育展開を考え、配慮することを忘れない指導を行っていくことが大切である。

　次に「この作品作りを通して、（子どもに）何を身につけさせたいか」を話し合わせた。活動のまとめを一人ひとりが把握をすることで、共同製作のねらいを理解する。

・絵の具がクレヨンをはじくことを知る（以前、技法遊びを行ったときの留意点に気をつけて絵の具を使うようにする）
・個々の作品をつなげて一つの作品にすることの楽しさを知る
・葉っぱは点々を重ねることで表現できることを知る（表現法を知る）
・様々な色（葉）があることを知る
・ばらばらの絵を1つにするにあたり、教師のことばがけから、いろいろ話が発展できるように配慮することが大切（教師は子どもから発せられる言葉をきちんと受け止め、一人ひとりを認めていくようにする）

　以上のようなまとめを、学生は行った。ある程度学生自身に方向性が見えてくると、実際子ども達がどのように活動をするのか見てみたくな

製作の様子　　　　　　　　完成作品

るのは、相当納得したものができたからではないだろうか。
＜実例2＞
テーマ：「夢物語」
　この班は、座る席を固定し、歌を歌いながら1つの絵を描く。それぞれが描き終えると模造紙を回転させ、自分の絵と友だちの絵を組み合わせていくことで描き上げる。ここまでを前半とし、後半は、全員で色鉛筆、絵の具を使って仕上げる。
　以上2班とも個々の範囲を決めていない。そして"個の大きさ"も自由にしてある。この班の目的は、自分の絵と友だちの絵を"重ねる"ことで、絵の変化を楽しむことを強調している。「この作品を通して、（子どもに）何を身につけさせたいか」を話し合わせたところ、
・みんなで描くことの楽しさを知る
・友だちの絵と自分の絵を重ねることで変化していく面白さを知る
　を挙げている。"絵が描けない""絵を描かない"などの子どもを出さないようにする意図をもっている。第2節の1でも述べたように、「自分のイメージや他の子どものイメージを共有したり、自分で思いもつかないものを見たりすることで、また、新たな発見へとつながる。よって、友だちと絵を重ね合わせていくことで新たな変化を見つけ出し、イメージが膨れ上がるような指導が大切である」と、製作後述べていた。

第4節　保育方法・内容で大切なこと

　一つの活動を通し、自分の意見を言い、他の者の意見を聞き、お互いを尊重することをしていく中で完成する作品には、誰もが愛着を持つことができる。そしてまずは自らが体験をしてみることの大切さを知り、ただ作品を作ることだけではなく、目的を持ち、その目的が達成できるようにするためにはどうしたらよいのか。特に「作品を通して子どもた

ちに何を身に付けさせたいか」という質問に、学生はよく「楽しさ」と答えるが、本当の意味で"楽しかった"と感じることは、次へのやる気へと変わる。子どもたち自身がしっかり自己を発揮することができ、経験したことが次へつながるような指導ができるようにしたいものである。子どもの成長発達の個人差を教師はしっかり把握をし、自己の発揮に努めることができるようにもなってもらいたいと考える。

　実践例のように、実際に模造紙を使って「共同製作」を行ってみたり、そこから考えられることを見つけてみたりと全体を通し"共同製作の必要性"を体験することで教師としての立場になったとき、子どもたちに意味のある活動を提供してもらいたいものである。

　幼稚園教育の基本の一つに、「遊びを通しての指導を中心として5領域のねらいが総合的に達成されるようにすること」とある。ものを作ったり、描いたりすることの経験を通して、その中から得られるものをしっかり教師が見極め、提供をする必要がある。そのために、活動一つひとつの意味を自らもはっきりさせて、活動後のまとめをしっかり抑えることが大切である。それと、保育の中の活動は「遊び」の延長であり、決して「指導」にならないように配慮する必要がある。体験を通して、子ども自らが知識を得られるような活動を、提供できる教師であってもらいたいものである。

【引用・参考文献】
　無藤隆監修『幼稚園教育要領ハンドブック』学研、2017年
　河邉貴子編著『新教育課程・保育課程論』東京書籍、2008年
　花篤實・岡田憼吾『新造形表現　実技編』三晃書房、2009年

（後田　紀子）

第10章　教育・保育の方法論

第1節　幼児教育の方法における思想体系と実践

　昨今、巷では「モンテッソーリ教育」に注目が注がれている。その理由は、日本の将棋士界に最年少（当時14歳）で、プロ入りを果たした藤井聡太五段が実はモンテッソーリ教育で育ったということにある。彼の華麗なる棋風は、将棋士界で様々な史上最年少記録を更新し、2017年、日本国中が彼の将棋戦法に釘づけになった。「3つ子の魂100まで」と言う古い諺をよく聞くが、藤井五段が幼少期に体験したモンテッソーリ（Maria Montessori 1870～1952）の独特の教育プログラムがその後の彼の人生に絶大な影響力を持ったことは容易に想像できる。
　そこで、本章では、諸外国の著名な7人の教育思想家ならびに教育実践家を時系列的に取り上げて、その幼児教育方法の思想と実践を簡単に紹介してみることにしよう。

1　幼児教育に影響を与えた思想家・実践家

(1) ルソーの教育思想と実践
　フランスの思想家ジャン＝ジャックルソー（J.J.Rousseau 1712～1778）は、政治分野だけではなく、教育分野にも多大な影響力を持つ一人である。彼の残した言葉、「自然に帰れ」は哲学・歴史書に必ず記される有名なフレーズである。これは、文化や文明により不平等や不合理を打ち倒そうとするのではなく、自分自身の能力と欲求が一致している状態を取り戻そうという思想から生まれた。ルソーは、子どもたちに

文化や文明を教えることは堕落につながるという思想から、人為的なものを排除した。これを「消極教育」と呼ぶ。一方で、感覚器官を鍛え、正しく物事を理解するという教育を推進した。これを「実物教育」と呼ぶ。

ルソーが生きた時代の当時の社会思想では、正しい知識とは、神の啓示により聖職者を通して、人間（一般市民）に伝えられるものであるというのが通念であった。ルソーはそうした当時の思想に真っ向から対立し、人間が知性を働かせば、正しい知識を得ることが出来る、と説いた（これを「一般意思」と呼ぶ）。こうした彼の啓蒙主義思想は、『人間不平等起源論』や『エミール』によって説かれた。彼自身の私生活においては疑問符がつく歴史が刻まれているものの、16世紀当時のフランス社会に蔓延していた非科学的ともいえる偏った宗教的思想に力強く立ち向かい、真の人間科学を貫き導いた彼の教育思想は、偉大な業績であった。彼の思想は後に、多くの教育実践家に受け継がれ、またフランス革命の起因ともなった。

(2) ペスタロッチの教育思想と実践

ルソーの思想、そして1789年のフランス革命の影響を受けたとされる教育実践家のペスタロッチ（J. Heinrich Pestalozzi 1746～1827）は、貧困に苦しむ子どもや孤児を救うという使命感に燃えた人であった。もともと文筆家であった彼は、自身の教育実践の多くを著書に記した。例えば、『隠者の夕暮れ』では、農場「ノイホーフ」での教育実践を記している。また、『リーンハルトとゲルトルート』では、民衆に貧困から抜け出すための教育思想や生活の方法を物語形式で述べている。さらに『シュタンツだより』では、フランス革命で戦争孤児となった子どものために学校を設立し、救済活動に専念したことが記されている。そして、最後に晩年の自分自身を振り返ったとされる『白鳥の歌』という著書を出版した。

彼の思想や実践は、後述するフレーベルの教育観に多大な影響を及ぼ

したとされる。

(3) フレーベルの教育思想と実践

幼稚園創設者として高名なフレーベル（F.W. Froebel 1782～1852）は、ペスタロッチの教育思想に影響を受けた一人でもある。彼は、「恩物」＝「神からの賜」という教育遊具を通して、楽しみながら学ぶことを提唱したドイツの教育学者である。彼の作った恩物は、積み木や金具を通して立体、球体、線、点、面の特徴を学習し、子どもの表現力を導いていく。そして、それらの遊びがイマジネーション（想像力）やクリエーション（創造力）を豊かに育ててくれる。

(4) デューイの教育思想と実践

アメリカの教育学者デューイ（John Dewey 1859～1952）は「プラグマティズム」という思想を広めた一人である。「プラグマティズム」とは、一言で言えば、「行為・実践」の意味である。ある思想が真理であるかどうかは、頭の中で巡らすだけではなく、私たちの生活の中で実際に役に立つかどうかによって決められるという意味である。つまり、知識や思想の価値は、その時の状況に応じて有効な解決力を持つかどうかで決まるとされる。彼の思想が「経験主義教育」と言われるのは、こうした考えに由来する。

彼は、人間の知性は人間がよりよく生きていくための手段であり、道具となるものであるとした。したがって彼の思想は「道具主義」と名付けられた。また、彼は民主主義社会に適応した学校教育の改革を進めた一人であった。彼の主著には、『哲学の改造』、『人間性と行為』、『学校と社会』、『民主主義と教育』がある。

(5) シュタイナーの教育思想と実践

シュタイナー（Rudolf Steiner 1861～1925）は、幼児（早期）教育に業績を残した哲学・思想家であり、現在でもその名が冠となっている学校が世界中にある。彼は、4つの構成体と共に人間には、7年ごとに節目が訪れるとした。彼の教育方法の特徴は、教科書を使用せず、その

代わりにエポックノートというものを通して、体験・経験などを書き込んでいく。また、成績評価は、テストの点数によるものではなく、人物や勉強姿勢において評価者の観察を通して評価記述されるというスタイルをとる。そして、子どもに悪影響を与えるということから、テレビ、ビデオ、ゲーム等のメディアに触れることを推奨していない。

(6) モンテッソーリの教育思想と実践

前述したプロ棋士、藤井聡太五段が幼少期にモンテッソーリ教育を受けたということで、昨今、その教育メソッドに注目が注がれている。モンテッソーリ教育は、次の5つの分野で構成されている。まず、一つが「日常生活の練習」で、これは掃除や洗濯、アイロンがけなど日頃の行為を練習するというメソッドである。二つ目は、「感覚教育」と言うもので、円柱さしや触覚板、音感ベルという教具により発達を促進させるメソッドである。三つ目は、絵合わせカードやパズルにより表現力やコミュニケーション力を培うという「言語教育」である。四つ目は、切手や数字カードを使っての「算数教育」で、最後の五つ目は、世界地図や動植物の絵カードを用いて概念や能力を育ませる「文化教育」である。

モンテッソーリ教育のスタートは、彼女が医学博士であったということも起因として、知的障がい児を対象とした治療教育であった。本メソッドを活用している幼稚園では、異年齢混合の縦割りクラスで幼児教育を行っている

(7) ピアジェの教育思想と実践

ピアジェ（Jean Piaget 1896 ～ 1980）は、認知心理学、発達心理学分野で功績を遺したフランスの心理学者である。その功績は、幼児を含めた学校教育全般の必須の理論となっている。彼の理論とは、幼児期における概念＝シェマ、いわゆる認知の枠組みや青年期までの発達段階における思考を探求したものである。ピアジェが提唱した発達段階とは、4つに分かれるが、とりわけ2歳から7歳児の発達段階である「前操作期」には、様々な思想の特徴がみられる。まず、この時期の子どもは、

すべてのモノに生命や意識があると考えるアニミズム論がある。つまり、ヌイグルミや人形に話しかけたり、食べさせたりする行為がみられるのは、幼児がモノを自分自身と変わらないものとみなしているからである。また、この時期は、数や量を正確に捉えることが出来ないことから「見かけ」で判断してしまうという特徴を持つ。これをピアジェは「保存の概念」と呼び、数学的な発達に照射した段階を説いた。そして、7歳から12歳の「具体的操作期」と命名した時期との違いを明確にしていた。

第2節　様々な保育形態と保育技術

　前節では、教育・保育の思想について振り返ってきた。次にそれらを踏まえて、幼稚園・保育園現場はどのようなスタイルで指導が実施されるのだろうか。例えば、大学教育で例えると、講義形式にあたる幼児保育の形態とは、一体どのようなものなのかを本節で見つめてみることにしよう。

1　教育・保育の形態

(1) 形態の大別

　まず、通常、小学校でいうところのクラス形態を、幼稚園・保育所では保育形態と呼ぶ。そしてその形態とは大きく2つに分かれる。それは一斉保育と自由保育である。

　一斉保育というのは、同じ時間に同じ内容の活動を全員一緒に保育者の指導の下で活動する形態である。つまり、言葉通り、一斉指導をする形態である。また、同様の保育形態として、集団生活を通した保育指導としての集団保育がある。こうした形態は、効率的で一体感を育むが、一方で個々の子どもの発達にそぐわないケースも出てくる。

　上述した形態に対して、個別に行うものが自由保育である。これは、

子どもの自発性・主体性を尊重し、活動を自由に選択して行う活動形態である。年齢・月齢による発達区分で子どもの興味・関心も異なることに配慮ができる。同様の形態に個別保育がある。

(2) 年齢（発達）による形態

次に、年齢（発達）に応じたクラス編成を見てみることにする。ここでも大きく2つに分かれる。その一つが、年齢別保育（横割り）という形態である。これは、わが国の小・中・高等学校と同様に、同年代によるクラス編成である。日本では一般的なもので、幼稚園などの場合、年少（3歳）、年中（4歳）、年長（5歳）クラスに分けて指導される。

もうひとつは、異年齢保育（縦割り）といわれるものである。これは、上述した各年齢を均等に分けて、合同クラスとして編成するものである。モンテッソーリ教育等で取り入れられている。この形態では、年少者が年長者の活動を模倣して成長したり、年長者が年少者の面倒を見たりして、同年齢では経験できないことを体験できる。反面、年長者が年少者を支配したり、いじめたりする関係も生じ、一長一短がある。同様の形態で、合同保育や混合保育と言われる形態もある。

(3) 保育内容による形態

3番目に保育内容から見てみると、設定保育やコーナー保育、統合保育という形態がある。

まず、設定保育というものは、保育者がある特定のねらいや目標をもって指導案を計画し、あらかじめ設定した内容の活動を行うことである。実習生が現場で実施する形態でもある。また、コーナー保育とは、保育室の角などの空間に製作コーナーやパズルコーナーのスペースを設け、パーテーション等で区切り、自由に活動をさせる形態である。さらに、障がいを持った子どもを特別扱いするのではなく、他の子と一緒に保育活動をする形態を統合（インクルーシブ）保育と呼ぶ。インクルーシブの意味は、包括的・統合という意味をもつことから包括的保育とも呼ばれている。

(4) 保育時間による形態

　最後に保育時間に照射して見てみよう。近年、保育時間についても規制緩和が行われている。ここでは、延長保育、預かり保育、お泊り保育について端的に説明しよう。通常の保育時間を超えて提供する保育サービスを延長保育という。これは幼稚園ならびに保育所等の施設の開所時間前後の30分以上の時間延長を指す。また、預かり保育とは、4時間を標準とする幼稚園の教育時間の前後や土曜、日曜、長期休業期間中に幼稚園において教育活動を行うことを指す。お泊り保育とは、泊込みで保育をすることである。これは、共同生活をすることにより他者への気づきを促すことや家庭と離れ、自立の芽生えを目指すこと等を目的としている。

2　表現力を活かす教材・教具——絵本をベースとした保育技術

　本項では、乳幼児の感性を育み、表現力をしっかりと身に着けることが出来るような保育技術に触れてみたい。

　子どもの感性を磨き、豊かな表現力を身に着ける最も身近なものとして考えられるのは、絵本である。絵本はその読み聞かせも大事な技術であるが、ここでは絵本を教材とした教具を写真と一緒に紹介したい。

　絵本を教材として、室内での遊びと学びを考えると、一般的に多く取り入れられるものに演劇（ごっこ遊び）や紙芝居があるが、昨今、教具として人気の高いものとして、エプロンシアター（絵本題材「はらぺこあおむし」：**写真1参照**）やパネルシアターが挙がる。

　これらは、エプロンやパネルを舞台と見立てて、その話の流れによりアップリケや不綿布で作成した切り絵を付けたり外したりして進めていくものである。歌や踊りを挿入すると一層効果が上がる。

　次に人気のあるものに指人形（絵本題材「それいけ！アンパンマン」：**写真2参照**）や手遊び、ペープサート（割り箸に絵を貼って）がある。これらは準備も簡単で即行で出来ることから単元の導入として取

写真1　　　　　　　　写真2

り入れやすい。また、指・手により数を覚えることや手をたたくことによる速度学習にもつながる。また、この他に折り紙・ちぎり絵などもあるが、パーティグッズ等の製作は、幼児による楽しさの表現力が上手に引き出されることだろう。

　（写真1・2は、中九州短期大学幼児保育学科2年ゼミ生（東・中山・坂井）の作品）

【引用・参考文献】
　M.モンテッソーリ、吉本二郎・林信二郎訳『モンテッソーリの教育0歳～6歳まで』あすなろ書房、1946＝1995年
　村井実『教育思想（下）――近代からの歩み――』東洋館出版社、1993年
　柴崎正行編『保育方法の基礎』わかば社、2015年
　柴崎正行編『保育内容の基礎と演習』わかば社、2015年
　谷田貝公昭・林邦雄・成田國英編『教育方法論』一藝社、2004年
　広瀬俊雄『シュタイナーの人間観と教育方法』ミネルヴァ書房、1988年

（西島〈黒田〉宣代）

第11章　障害幼児の指導

第1節　特別支援教育と障害幼児の指導・支援

　「教育基本法の改正」「障害者基本法の改正」「障害者権利条約の批准」など、近年、障害をもつ子どもの保育・教育を取り巻く状況は大きく変化しつつある。

　2006年12月に第61回国連総会で「障害のある人の権利に関する条約」と「障害のある人の権利に関する条約についての選択議定書」が採択され、2008年5月に発行した。

　この条約は、障害のある人に対する差別を禁止し障害のある人の権利を積極的にとらえ、社会参加への原理を認めた国際的な取り決めである。この条約の批准は、障害のある人が社会生活を営むためのあらゆる分野で、障害のある人の権利を守り平等に生きていく社会をつくっていく責任を負うものであり、厳しい義務が課せられる。日本政府は早期の締結を目指し、障害者基本法の改正、障害者差別解消法の成立など必要な国内法令の整備等を進め、2013年12月4日に国会で承認し、2014年1月20日に批准した。そして、本条約は2014年2月19日にわが国において効力を生ずることとなった。

　本条約では障害のある子どもの保育に関し直接規定している条文はないが、第7条で障害のある子どもの権利と、権利を実現するための障害及び年齢に適した支援を提供される権利を有することを規定している。また、第24条で障害のある人の教育の権利とこれを差別なしにかつ機会の平等を基盤として実現するための、あらゆる段階におけるインク

ルーシブな教育制度と生涯学習について規定している。さらに権利を実現するために確保されるもののひとつとして、個人の必要に応じて合理的配慮が行われることが述べられている。合理的配慮とは、障害のある人が「他の者との平等を基盤としてすべての人権及び基本的自由を享受し又は行使することを確保するための必要かつ適切な変更及び調整であって、特定の場合に必要とされるものであり、かつ、不釣合いな又は過重な負担を課さないものをいう」と第2条で規定されている。

　なお、障害者の権利に関する条約において、「合理的配慮」の否定は、障害を理由とする差別に含まれる、とされていることに留意する必要がある。

　これまで、障害のある子どもへの配慮は「特別なもの」としてとらえられていた。そのような現状を変えていくために重要なのが「合理的配慮」という考え方である。保育所保育指針が述べている「一人一人の子どもの発達過程や障害の状態を把握し、適切な環境の下で、障害のある子どもが他の子どもとの生活を通じてともに成長」していくためには、障害のある子どもへの指導・支援を合理的配慮として保育士が意識して行うことが求められる。

　障害のある子どもは園や学校での生活において、指示の理解、食事や排泄、友達との関わり、さらには行事など様々な場面での困難が想定される。また、その困難に対する合理的配慮の方法も多様な手段が考えられる。合理的配慮の検討および提供については、園や保護者、関係機関など子どもに関わる者がひとつのチームとなって話し合うことが重要であり、発達の段階を考慮しつつ、子ども自身が抱える困難や受容を深めるためにも可能な限り本人を交えて合意形成を図った上で決定されることが望ましく、その内容を個別の教育支援計画に明記することが求められる。支援に際しては、園と家庭や関係機関との連携による情報の共有や、途切れることのない早期からの一貫した支援も重要となる。早期からの支援の重要性については、まず、子どもの障害理解の受容に関して

保護者への支援ができることである。保護者はわが子の障害に戸惑いを感じ、その障害を受容することの難しい状況が多くある。保護者の気持ちに寄り添いながら、子どもの実態について理解を深めていく教育相談・支援を早期から始めることは大切である。保護者の気持ちを十分にくみ取り、保護者にとって身近な利用しやすい場所で安心して相談を受けられるように配慮された中で、特別支援教育に関する情報を提供し、子どもの教育的ニーズと必要な支援を相談の中で確認していくことは、障害のある子どもを支える家族に対する支援という観点からも重要なことである。

第2節　障害者の権利に関する条約における合理的配慮

1　合理的配慮と基礎的環境整備

　基礎的環境整備とは、障害のある子どもの支援については、法令に基づきまたは財政措置により、国は全国規模で、都道府県は各都道府県で、市区町村は各市区町村で、教育環境の整備を行う。これらは「合理的配慮」の基礎となる環境整備であり、それを「基礎的環境整備」と呼ぶ。基礎的環境整備には、次の8つの観点がある。
　①ネットワークの形成・連続性のある多様な学びの場の活用
　②専門性のある指導体制の確保
　③個別の教育支援計画や個別の指導計画の作成等による指導
　④教材の確保
　⑤施設・設備の整備
　⑥専門性のある教員・支援員等の人的配置
　⑦個に応じた指導や生日の場の設定等による指導

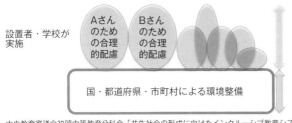

図　合理的配慮と基礎的環境整備

中央教育審議会初頭中等教育分科会「共生社会の形成に向けたインクルーシブ教育システム構築のための特別支援教育の推進」を基に作成

⑧交流及び共同学習の推進

　上記の図は合理的配慮と基礎的環境整備の関係を示した図である。上部のアミ掛けの部分はAさんのための合理的配慮、Bさんのための合理的配慮というように個別に必要な合理的配慮を表している。下段の四角い囲みのところは、合理的配慮の基礎となる環境整備、つまり基礎的環境整備にあたる部分である。環境整備の状況は様々であるが、これらを基に設置者及び学校・園がそれぞれの場において、障害のある子どもに対し、その状況に応じて、合理的配慮を提供することになる。

2　合理的配慮の内容

　「共生社会の形成に向けたインクルーシブ教育システム構築のための特別支援教育の推進（報告）」における合理的配慮には3つの観点11の項目があり、その内容は下記の通りである。

●「合理的配慮」の観点①　教育の内容・方法

　①－1　教育内容

　①－1－1　学習上又は生活上の困難を改善・克服するための配慮

　障害による学習上又は生活上の困難を改善・克服するため、また、個性や障害の特性に応じて、その持てる力を高めるため、必要な知識、技能、態度、習慣を身に付けられるように支援すること。

　①－1－2　学習内容の変更・調整

認知の特性、身体の動き等に応じて、具体の学習活動の内容や量、評価の方法等を工夫する。障害の状態、発達の段階、年齢等を考慮しつつ、卒業後の生活や進路を見据えた学習内容を考慮するとともに、学習過程において人間関係を広げることや自己選択・自己判断の機会を増やすこと等に留意すること。

①-2　教育方法

①-2-1　情報・コミュニケーション及び教材の配慮

障害の状態等に応じた情報保障やコミュニケーションの方法について配慮するとともに、教材（ICT及び補助用具を含む）の活用について配慮すること。

①-2-2　学習機会や体験の確保

治療のため学習空白が生じることや障害の状態により経験が不足することに対し、学習機会や体験を確保する方法を工夫する。また、感覚と体験を総合的に活用できる学習活動を通じて概念形成を促進する。さらに、入学試験やその他の試験において配慮することも含まれる。

①-2-3　心理面・健康面の配慮

適切な人間関係を構築するため、集団におけるコミュニケーションについて配慮するとともに、他の幼児児童生徒が障害について理解を深めることができるようにすること。学習に見通しが持てるようにしたり、周囲の状況を判断できるようにしたりして心理的不安を取り除くこと。また、健康状態により、学習内容・方法を柔軟に調整し、障害に起因した不安感や孤独感を解消し自己肯定感を高めることもある。学習の予定や進め方を分かりやすい方法で知らせておくことや、それを確認できるようにすることで、心理的不安を取り除くとともに、周囲の状況を判断できるようにすること。

●「合理的な配慮」の観点②　支援体制

②-1　専門性のある指導体制の整備

園長がリーダーシップを発揮し、学校全体として専門性のある指導体

制を確保することに努めること。そのため、個別の教育支援計画や個別の指導計画を作成するなどにより、学校内外の関係者の共通理解を図るとともに、役割分担を行うこと。また、学習の場面等を考慮した校内の役割分担を行うこともある。必要に応じ、適切な人的配置(支援員等)を行うほか、学校内外の教育資源(通級による指導や特別支援学級、特別支援学校のセンター的機能、専門家チームによる助言等)の活用や医療、保健、福祉、労働等関係機関との連携を行うこと。

②-2 幼児児童生徒、教職員、保護者、地域の理解啓発を図るための配慮

障害のある幼児児童生徒に関して、障害によって日常生活や学習場面において、様々な困難が生じることについて周囲の幼児児童生徒の理解啓発を図ること。共生の理念を涵養するため、障害のある幼児児童生徒の集団参加の方法について、障害のない幼児児童生徒が考え実践する機会や障害のある幼児児童生徒自身が障害について周囲の人に理解を広げる方法等を考え実践する機会を設定すること。また、保護者、地域に対しても理解啓発を図るための活動を行うこと。

②-3 災害時等の支援体制の整備

災害時等の対応について、障害のある幼児児童生徒の状態を考慮し、危機の予測、避難方法、災害時の人的体制、災害時体制マニュアルを整備する。また、災害時等における対応が十分できるよう、避難訓練等の取組に当たっては、一人ひとりの障害等の状態を考慮すること。

● 「合理的配慮の観点」③ 施設・設備

③-1 校内環境のバリアフリー化

障害のある幼児児童生徒が安全かつ円滑に学校生活を送ることができるよう、障害の状態等に応じた環境にするために、スロープや手すり、トイレ、出入口、エレベーター等について施設の整備を計画する際に配慮すること。また、既存の学校施設のバリアフリー化についても、障害のある幼児児童生徒の在籍状況等を踏まえ、学校施設に関する合理的

な整備計画を策定し、計画的にバリアフリー化を推進できるよう配慮すること。

③-2　発達・障害の状態及び特性等に応じた指導ができる施設・設備の配慮

　幼児児童生徒一人ひとりが障害の状態等に応じ、十分に学習に取り組めるよう、必要に応じて様々な教育機器等の導入や施設の整備を行うこと。また、一人ひとりの障害の状態、障害の特性、認知特性、体の動き、感覚等に応じて、その持てる能力を最大限活用して自主的、自発的に学習や生活ができるよう、各教室等の施設・設備について、分かりやすさ等に配慮を行うとともに、日照、室温、音の影響等に配慮することもある。さらに、心のケアを必要とする幼児児童生徒への配慮を行うこともある。

③-3　災害時等への対応に必要な施設・設備の配慮

　災害時等への対応のため、障害の状態等に応じた施設・設備を整備することが大切である。

第3節　「合理的配慮」と「基礎的環境の整備」の観点で整理した指導事例（認定こども園と特別支援学校幼稚部への平行通園による指導）

1　幼児の状況

　C認定こども園に通う5歳のA児は、知的障害がある幼児で、発語が少なく、コミュニケーションに困難がある。言葉による指示理解が困難であったり、時計が読めないことにより、活動への見通しが立たず、ぼんやりとしている場面も見受けられる。日常生活はほぼ自立できている

が、手先が不器用で動きがぎこちない。着替え、身支度、食事に時間がかかることがあるが、4歳の時から週に2日、B特別支援学校の幼稚部に平行通園し、専門的な指導をうけており、結果できることが多くなった。保護者も本人も自信を得て、毎日意欲的に過ごしている。

2　基礎的環境整備の状況

（基盤1）ネットワークの形成・連続性のある多様な学び場の活用

　A児が居住している場所の近くに幼稚部がある特別支援学校があり、平行通園することができることになった。知的障害教育の専門性も高く、保護者への相談支援機能もある。特別支援学校の専門性を活用することができている。しかし、この特別支援学校は、小学部への入学については、明確ではない。

（基盤2）専門性のある指導体制の確保

　C園は、特別支援保育コーディネーターを指名している。B特別支援学校と連携し、情報の共有を行っている。また、C園では過配の保育士が配置されている。

（基盤3）個別の教育支援計画や個別の教育計画作成等による指導

　就学に向けてどのような場で学ぶのが良いか保護者と園と関係機関とで、話し合いながら移行の場を想定しながら作成することになっている。保護者は、特別支援学校で得た手だてを家庭でも実践し、A児の自信につながったものを記録し、家庭での様子として提供してくれる。園のコーディネーターは特別支援学校での取組みの状況を把握し、園での生活と合わせて情報を提供している。

（基盤4）教材の確保

　居住地域では、A児に特化した教材は特にない。

（基盤5）施設・設備の整備

　A児の居住地域では、近くに特別支援学校がない。学区の特別支援学校は遠方で入学希望者が多く、教室配置の工夫が必要な様子である。地

域の小学校は、知的障害の特別支援学級があるが、知的障害のある児童が安全に通学するには距離がある。どちらも教室内が構造化されており、刺激が統制されている。

（基盤6）専門性のある教員、支援員等の人的配置

A児の居住地域では、特別支援学校教員免許状取得を推奨しており、計画的に特別支援学校教員免許状保持者を配置している。支援員も配置の予定である。

（基盤7）個に応じた指導や学びの場の設定等による特別な指導

A児の居住地域では、乳幼児期を含め早期からの教育相談や就学相談を行うシステムがある。

（基盤8）交流及び共同学習の推進

副籍制度もあり、居住地域の小中学校と特別支援学校の児童生徒の直接交流が積極的に行われている。

3　A児への合理的配慮の実際

●「合理的配慮」の観点①　教育の内容・方法

①-1　教育内容

①-1-1　学習上又は生活上の困難を改善・克服するための配慮

全体への指示の後にゆっくりはっきりと短い言葉で個別に指示を繰り返すことで指示を理解し、自ら動くことができる。

手指の巧緻性の向上のための課題に取り組む。

着替えがはやく終わったら好きな歌をリクエストできる等、見通しをもたせて自ら行動できるようにする。

①-1-2　学習内容の変更・調整

家庭と連携しボタンはめはボタンホールを大きくするなどに変更し、スモールステップで、できる状況づくりを大切にし、達成感が味わえるようにする。

①-2　教育方法

①-2-1　情報・コミュニケーション及び教材の配慮

実物、写真、イラスト、サインなど視覚的情報を言葉と併用して伝える。

イラストなど視覚的に状況がわかるカードを用意し、活動に見通しを持たせる。

時間はタイムタイマーを活用し、後何分など視覚的にわかるようする。

①-2-2　学習機会や体験の確保

具体的に体験できる機会を設定する。集団の中でわかって動ける状況や成功体験を確保する。

①-2-3　心理面・健康面の配慮

自分から話をした時は、しっかりと受け止めたことを伝え、自信を持たせる。できたことは、褒めて定着させる。注意が持続できるよう、場所の構造化を図り、余計な刺激はできる範囲でカーテンやボードなどで遮断する。

● 「合理的な配慮」の観点②　支援体制

②-1　専門性のある指導体制の整備

知的障害の実態把握はわかりにくいことから、特別支援学校の専門性を積極的に活用する。必要に応じて作業療法、理学療法、医師などの専門家からの助言を得る。

②-2　幼児児童生徒、教職員、保護者、地域の理解啓発を図るための配慮

知的障害の実態は他者からはわかりにくいこと、その特性としては実体験による知識の習得が必要なことからそれらの特性を踏まえた対応ができるよう、周囲の子どもたちや保護者、教職員への理解啓発に努める。

②-3　災害時等の支援体制の整備

混乱することを想定した避難誘導のための体制を確保しつつ、日頃から短時間でも避難訓練などを行うシステムづくりを行う。

● 「合理的配慮の観点」③　施設・設備

③-1　校内環境のバリアフリー化

自主的な移動ができるよう導線や目的の場所が視覚的に理解できるよう園内環境を整備する。

③-2　発達・障害の状態及び特性等に応じた指導ができる施設・設備の配慮

危険性を余地できないことによる高所からの落下や怪我等が見られることから、安全性を確保した園内環境を整備する。また、必要に応じて生活体験を主とした活動ができる場を用意する。

③-3　災害時等への対応に必要な施設・設備の配慮

災害発生後の行動の仕方がわからないことによる混乱した心理状態に対応できるように、簡潔な導線、わかりやすい設備の配置、明るさの考慮をして施設の整備をする。

[引用・参考文献]

文部科学省「合理的配慮等環境整備検討ワーキンググループ 報告（概要）―学校における合理的配慮の観点―」2012年

文部科学省「教育支援資料～障害のある子共の就学手続きと早期からの一貫した支援の充実～」2013年

（**伊藤かおり**）

第12章 プログラミング教材を使用した保育方法

第1節 プログラミング学習とはどのような教科・授業なのか

1 2020年度から開始されるプログラミング教育

　2020年度を目標に、日本の小学校における授業の一環としてプログラミング教育が実施される運びである。小学校におけるプログラミング学習に関しての具体的な内容などに関しては、現在さまざまな分野において、紆余曲折を繰り返しながら立案をしている状況といえ、まだその内容が確立されているとはいえない。また、幼稚園においてプログラミング学習を今後導入する場合には、小学校における内容の簡略化されもの、あるいはその前知識のような内容のものではなく、幼児の年齢や成長発達に対して合致するように的確に展開され、活動されることが不可欠である。

　そこで今回は、今なぜプログラミング教育が必要とされているかを再考すると同時に、どのようにプログラミング教育を実施するのかに関して、プリモトイズ社（以下、プリモトイズ）の開発した知育教材キュベット（以下、キュベット）を幼稚園において実際に使用し、その方法に関しての導入例を紹介すると同時に、今後の展開に関しての考察と提案を行うことにした。

2　プログラミング教育の現状

　文部科学省が2017年に公示した「学習指導要領」に伴い、日本では2020年度より小学校におけるプログラミング教育が必須化されることとなった。このプログラミング授業とは、独立した新たな教科としてプログラミングが設定されるのではなく、従来の教科の中で、それぞれの特色を生かしたプログラミング教育が実践されるという形のものとなる。
　つまり従来までの、国語、算数、理科、社会といった授業内において、PC（パソコン）、タブレットといった機器を使用し、従来までの教科学習の中において、プログラミングを応用した内容を新しく展開していく形態となる。
　その具体的な内容に関しては、現在はまだ準備の段階とも言え、諸外国の現状や、一部の先進的に導入した学校の例などを参考にして導入する機材やソフトウエアを試行錯誤しながら、各学校内においても設備環境の構築や、様々な研修会などが実施されている現状である。

第2節　今回使用した教材「キュベット」とは

1　今回使用した教材はどのようなものなのか？

　今回使用した知育教材キュベットは、英国Primo Toys社を創設したフリッポ・ヤコブ（Fillipo　Yacob）とマテオ・ログリオ（Matteo Loglio）によって開発されたものである。デジタル画面を一切使用することなく、プログラミング学習の基礎を学べるようにとの目標をたてて開発された教材である。キュベットは大きく分けて2つのパーツと、それを走らす、絵が描かれたマップシートによって構成されている。2つのパートとは、実際に動く走行部分と、プログラミングを行い、それを

指示するためのコントロールパネル部分であるが、コントロール部分からの指令プログラムは、ブルートゥース（Bluetooth）によって走行部分に送信される。

コントロールパネル部分には、プログラミングを組むための穴があらかじめ開けられており、そこに4種類のプログラミングブロックを組み合わせ、差し込むことにより走行部分がどのように動くかのプログラミングを組み立てる。

プログラミングブロックには色別に4種類があり、赤（右に90度曲がる指示を出すブロック）、黄色（左に90度曲がる指示を出すブロック）、緑（まっすぐにひとコマだけ直進することを指示するブロック）、青（コントロール盤上の、別の部分に組まれた部分の行動指示を行うブロック。つまりサブルーチン、となっている）である。以上の4点を組み合すことにより、走行部分にプログラミングを送信し、それに基づいた走行をさせる、というのが簡単なキュベットの内容である。

また、他の教材と比較してキュベットが異なっている点も大きく分けて2点ある。ひとつは大きなマップ上を走らせることが基本である点、もう一点は先ほど書いたように、プログラミングボードの上に、別の箇所の走行指示を行え、というサブルーチンコマンドが存在しているという点である。

前者に関してはキュベットには現在、「宝探し」「宇宙」「街探検」「冒険」「海」といった5枚のマップが用意されているが、それぞれには絵本が付属し、その本の内容や設問に即したキュベットの動きを、子どもがストーリーを楽しみながら行動足跡を考え、工夫していくことによりプログラミングを自然に学習することができるように設定がされている。

このことにより適当かつ、やみくもにキュベットを走らしてその動きを楽しむ、といった無秩序な活動ではなく、いかに子どもたちがその動きを考え、地図上からはみ出たり、行ってはいけない部分に足を踏み入れることがないように工夫しながら、キュベットの動きをプログラミン

キュベットの本体とマップ

（注）左のボードがコントローラー、右のハコが移動本体、下の布が専用マップ

グするという方法を学習することができる。

　さらにマップのマス目は、キュベットの動きの大きさとリンクしているため、きわめて位置関係が認識しやすい。またコントロールボード上には、今どの駒の部分の指示によってキュベットが動いているのかを表すようにLEDインジケーターが点滅するようになっており、プログラミングと走行部分がつながっていることがわかりやすくなっているのも大きな利点といえよう。さらに移動するキュベットそのものの動きも、90度確実に曲がり方向転換する（だらだらと動くのではなく、節度のある角度でゆっくりと展開する）、ひとコマ移動して必ず一旦停止してから次のコマンドに移る、といったように目でも動き方を把握しやすい動きとなっていることで、子どもが自分の組んだプログラミングが間違っているかどうかを認識しやすいことは、他の教具との大きな違いといえよう。

2　幼稚園にはどのようにキュベットを導入したらよいか

　それでは実際にキュベットを保育に導入した実践例を報告してみたい。
　今回は幼稚園の園児を対象に、導入することで子どもがどのようにキュベットと接し、いかなる行動を行うかという点に注視して保育活動の観察を行った。
　まず対象年齢であるが、プリモトイズ社によればキュベットの対象年齢は3歳以上を推奨しているが、実際には3歳児よりも、より高学年の4歳児（年中組）、5歳児（年長組）を対象として活動を行った方がプログラミングを学ぶという意味では有効なのではないかと考え、今回は幼稚園におけるもっとも年齢の高い、5歳児を対象として保育を行うこととした。
　またキュベットの特性上、大人数の子どもが一度に使用するよりも、一人の子ども、あるいは少人数の子どもが、その動きや自分の組んだプログラムを理解しつつ遊ぶことが望ましいため、今回は一回の活動にかかわる子どもの人数の上限を4人とし、動き方やプログラム設定を子どもの中で討議したり、試行錯誤しつつ活動することに適した人数に設定した。
　具体的には、今回20人の年長児クラスを、5人ずつのグループに分け、時間を分けて同じ活動を別のメンバーによって4回行った。また活動を行う際には、他の子どもたちは屋外で遊ぶことにして周囲に誰もいない環境を作った。これは周囲からヒントを与えたり、集中力を妨げないための配慮である。さらに5人ずつのグループわけも、特別に仲の良い友だちだけを（保育者側が）選別して設定するのではなく、クラスの名簿に沿ってランダムに選別して組み合わせを行った。
　また前述のように、キュベットにはいくつかの種類のマップが用意されているが、今回はその中から「街」、「宝探し」、「宇宙」の3種類を選び、一週間おきにそれぞれの新しいマップを子どもに与え活動を展開し

た。一週間の開き時間を設けた理由は、幼稚園内の保育時間設定によるものが多いが、キュベットのプログラミング方法に関して、時間を開けすぎないことで忘れてしまわないうちに展開させたい、という狙いもあり、一週間に1回、つまりは3週間かけて実践時間を設けた。

　なお一回の活動時間は45分と設定し、保育室には一名の保育者が子どもの活動を指導、観察するように設定した。

第3節　キュベットを使用した実践例

1　保育活動に導入した1回目の実践例

　上記のような条件のもと、2017年5月〜6月にかけて、幼稚園年長組においてキュベットを使用しての保育を実践した状況をレポートしてみたい。

　まず初回（2017年5月15日〜）に関しては、キュベットという、まったく新しい知育教材（子どもにとっては新しい玩具、という認識が強いと考えられる）を触れるということもあり、まずはその形や動き、またコマの色やコントロールパネルの形状などに関心が強い子どもが多かった。

　当初悩んだ点としては、指導者（保育者）がある程度、その使い方を指導した方が良いか（コマの動きや、その転送方法等）、あるいはまったく何も指導せずに、だまってキュベットを渡し、子どもの意のままに使わせた方が効果的なのか、という点であったが、あえてグループのうちの最初のチームのみはまったく何も言わずに渡し、2チーム目にはコマの入れ方や転送方法のみを、3チーム目にはコマの持つ意味と本体との動き方のつながりを「反復」部分を除いて指導し、4チーム目にはさらにコントロールパネル上の「反復」部分の意味まで教え活動を行った。

まず最初の、何も教えていないチームはコマの動きややり方に関しては、何も知らないために当初はプログラミング方法も転送方法もわからないはずであったが、一人の子どもがコマをいくつか入れた後で転送ボタンを押した結果、本体が動き、適当ではあるが地図上を走る結果となった。そのためその動きを見た他の子どもが、コマと本体の動きの関連性を見つけ、15分内にはかなりの範囲内において、本体を自由に（子どもが考えた動きで）走らせるようなプログラミングを行うことができるようになった。だがコントロールボード上の「反復する」という部分に関しては、まったく理解できなかった様子で、45分後でもその部分を活用するような思考には至らずに終了したようである。

　2チーム目は、当然1チーム目よりも動かし方に関しては早く習熟できたことは言うまでもないが、それでもコマの持つ意味などは（最初は）十分に理解できるところまで保育者が指導していない条件のため、何も知らせずに活動を行った1チーム目とあまり変わりのない展開で、本体を自由に動かすところまではプログラミングできたものの、「反復」するというコントロール上の意味と、青いコマ（反復部分に移動、の意味のコマ）までは理解できずに45分の活動を終了した。

　3チーム目は最初からそれぞれのコマの意味（動きの意味）をわかってはいるが、感覚的に「反復」というコマの意味が十分に理解できていないため、このコマはどうやって使うのか？などの質問が出たり、十分にそのコマを活用できないうちに設定時間が終了となってしまう結果となった。だが終了時間間際になったときに、3チーム目の中の一人が、青いコマの動きと、「反復」部分の関連性に気が付いた様子で、45分を超えて活動を展開したのであれば、「反復」部分のプログラミングに関しても理解できたのではないか、と思う。

　最後のチームには、すべてのコマの動きや、コントロールパネル上の「反復」するというプログラミングの意味に関しても、10分近くの時間を費やして子どもの教えの活動であったため、子どもたちは最初から戸

惑うこともなく、スムーズに本体部分を動かし始めたが、それでも当初は「反復する」ということの意味や、青いキーの活用方法には45分（保育者の説明時間を除けば実際は30分程度となる）の時間内では十分ではなかったようで、「反復」部分の十分な活用には至らないまま1回目の活動を終了する結果となった。

それでも4グループ目の子どもの中には、「反復部分」をいかに使ったらマップ上の目的地までたどり着くことができるのかを真剣に考え、もう少し時間が欲しい、という声が上がるなど、かなり高いレベルでのプログラミングと本体の動きの関連に関しての理解ができたのではないかと思う。

2 その後の保育活動への導入例

1週間を開けて同じグループにより、45分という条件下でキュベットを使用して活動を展開したが、言うまでもなく1回目よりも何も違和感なく子どもたちは活動を開始することができた。2回目はマップを「街」から「宝探し」に変更して活動を開始したが、コマの持つ意味や、「反復」コマンドの意味、といった内容に関しては1回目の終了時と同じとし、保育者がその動きの（プログラミングの）指導や助言に関しては行わないこととして条件を合わせ、活動を開始した。

2回目はマップを効果的に使用することを考え、マップの中に書いてある「宝物」に到達したり、途中に書いてある「わに」「河」などにキュベットが落ちないように配慮しながら進むように、といった保育者による助言に加え、1回目よりもより難易度の高い条件で、本体を子どもが考えるような動きを自由にプログラミングできるようにする、という目標を設定した。

その条件においては、やはり1の何も教えていないチームよりも、2, 3, 4と使用方法を指導してからプログラミングを行うようにしたチームの方が、戸惑いや、悩む時間も少なく展開していたが、45分の

活動終了時には、その差は決定的といえるものではない、と考えられる範囲のものとなっていた。

　このことにより、どのチームも試行錯誤を繰り広げ、数人同士がディスカッションしながらプログラミングを行うことにより、キュベットの使い方や、サブルーチン部分の活用方法にすっかり慣れ、それぞれのチームにおける扱い方や理解方法に差異が少なくなっているため、と思われる。

　キュベットの使用方法は簡単であるし、その動きや、ランプの点滅とリンクした作動方法により、子どもが直感的に理解しやすく、さらに子どもたちも昨今の情報機器の普及により、キュベットのような教材になれやすく、扱うことが普通になっているという状況なのではないか、とも考えられた。

　さらに一週間を開けて3回目の活動を同じグループわけを行った4チームに展開したが、前回（2回目）に行った時点よりも、さらにそれぞれの差がみられず、きわめて自然にキュベットにも、プログラミングの方法にも馴染み、ほとんど自由に本体を動かすことが可能になっていることに驚いた。

　そのため3回目では、「宇宙のマップ」も使用し、保育者が簡単な宇宙のストーリーを作成しそれに基づき、それぞれのマップ上で、どの場所にどこを経由して行くかといった行動パターンを指示する、という活動を行った。

　最初は難しい、と悩んでいたチームも45分間の時間終了近くになると、ほとんど迷いなくプログラミングを行えるようになっており、ゴールに到達することのできないチームはひとつもなかった。さすがに最初に何もプログラミングの方法を教えなかったチームよりも、操作方法などを指導したチームの方が間違えも少ないような時もあったが、それでもとびぬけてどのチームが速い、あるいは間違えが少なかった、という

ことはなく、ほとんど誤差の範囲のような差異であったと思える状況で3回めの活動を終えた。

　だが今回のように、それぞれのコマと本体の動き、あるいは「反復する」というコマンドの意味やその使用方法まで子どもに教えた方がよいかというと、私は何も教えずに子どもにキュベットを与えた方がよいのではないかという思いに至った。

　なぜならば今回のように実験的、あるいは比較を目的としての指導ではなく、子ども自らが考えながら、試行錯誤をしながらプログラミング学習を展開するという、本来の目的であったならば、やはり白紙の状態で子どもがその動きや、自分が考えたプログラミングを実際に目にした時の感動、そして「反復する」というコマンドに気が付いた時の嬉しさなどが重要であり、その点こそが、このキュベットの持つ大切な長所なのではないかと考えられるからである。

　だからこそ時間がかかったとしても、焦らず、少しづつ、ゆっくりと子ども自らが考え、悩み、試行錯誤をしながら、プログラミングを実際の動きとリンクさせながら感覚的に、肌で感じ取っていくことこそが、このキュベット最良の使用方法なのではないかと考えられる。

第4節　プログラミング教育の可能性

1　現段階における長所と短所

　短所としては言うまでないことではあるが、キュベットは本来幼稚園・保育所などにおいて、大人数を相手に展開する方法には適していない、という点につきる。本来キュベットは、一人（または2〜4人程度までの複数人）を対象に、その子どもがじっくりとプログラミングの方

法を試行錯誤しながら学ぶという点に特色があるためで、どうしても大人数（5人以上）を相手に行う保育方法としては不適当である、という点である。

　理想としては、一人に一台のキュベットを与え、実施する時間なども多く取り、一人ひとりの子どもが、動き方とプログラミングの関連などを少しづつでも学び取ることが、もっとも効果的な方法であると考えられる。しかし、費用（キュベットは1台　30,000円程度）とマップを置くスペースの関係、さらにはBluetoothの無線接続の問題（5台以上だと混信の可能性が出てくる）ことを考えると、幼稚園・保育所などで多くの機器をそろえ、展開することは困難なのではないかと考えられる。

　またもう一つの点としては、プログラミング学習とは言っても、キュベットで展開できる内容は「コースティング」の点に関してのみ、であり他のプログラミング学習に対しては発展性に欠ける点も挙げられる。もちろんこの点に関しては、多くのプログラミング教材が抱える課題ではあるが、特にその中でもキュベットは単機能ともいえる内容なので、その傾向が強い。せっかく大きく、わかりやすく、洗練されたデザインの操作ボードやBluetooth通信機能等を持っているのだから、より発展性のある機能をそこに持たせ、本体（移動部分）を変えることにより、他の活動内容にも応じることができる可能性を持っていたら、より魅力的な内容になったのではないだろうか。

　また、付属のマップに関しても、その内容や難易度がどれも平面上の同じような内容で、大きな変化に乏しいこと、また5種類すべてのマップを使い切ってしまった後には、キュベットのハードウエアを使用した、他の内容の保育方法が考えられるかなどの点に関しても、現段階においては提案がなされていないため、ややその発展性に関しても疑問が残る。もしも平面のマップだけではなく、いくつかの立体や障害物などを用いた内容のマップ（あるいは立体的なコース）などの提案が可能であるとしたら、より一層効果的かつ飽きることの少ない保育方法が展開できる

のではないかと思われる。

2 今後はどのように展開されるべきなのであろうか？

　今回、幼稚園にキュベットを用いて試験的にプログラミング内容の保育方法を実践してみたが、前述の通り大人数を対象とした、つまり幼稚園・保育所等における一斉保育方法への導入に関しては複数の問題点がある、ということが分かった。

　また現段階においては費用や内容などに関しても改良・改善の余地は多々あると考えられるし、もろ手を挙げて導入に賛成することは難しい。だがまだプログラミング学習に対しての、特にキュベットのようなハードウエアの保育教材に関しては発展途上であり、日々その内容や形態は新しいものが生まれつつあるのが現状である。

　さらにキュベットのようなツールとしての教材だけではなく、PC/タブレット用ソフト教材は、これからも日々発展し、様々な形のものが市場に出そうことになるだろう。その中には私たちが想像もしない形態の教材が登場する可能性も高い。

　その時にも新しい情報機器を否定するのではなく、その新しい可能性を保育の中に取り入れ、より効果的な保育方法を見出していこうとした時にこそ、はじめて未来へ道が開けるのではないだろうか。保育者にとって一番重要なのは、自分の価値観や考え方を明確に持ち、どのような場合にも揺るがないような毅然とした対応と行動をとるべきことと、子どもが新しい教材や機器の持つマイナスの面に巻き込まれることがないように、未然に防ぐ措置を施すことを常に忘れず、正しい使用法と効果的な利用法を常に開拓し、探索していくことなのである。

［引用・参考文献］
谷田貝公明・林邦雄・成田國英編著『教育方法論　改訂版』一藝社、2017年
石戸奈々子監修『プログラミング教育がよくわかる本』講談社、2017年

（野末　晃秀）

関連資料

■幼稚園教育要領（抜粋）
（平成29年告示）

第2章　ねらい及び内容

健康
〔健康な心と体を育て、自ら健康で安全な生活をつくり出す力を養う。〕

1　ねらい
(1)　明るく伸び伸びと行動し、充実感を味わう。
(2)　自分の体を十分に動かし、進んで運動しようとする。
(3)　健康、安全な生活に必要な習慣や態度を身に付け、見通しをもって行動する。

2　内容
(1)　先生や友達と触れ合い、安定感をもって行動する。
(2)　いろいろな遊びの中で十分に体を動かす。
(3)　進んで戸外で遊ぶ。
(4)　様々な活動に親しみ、楽しんで取り組む。
(5)　先生や友達と食べることを楽しみ、食べ物への興味や関心をもつ。
(6)　健康な生活のリズムを身に付ける。
(7)　身の回りを清潔にし、衣服の着脱、食事、排泄などの生活に必要な活動を自分でする。
(8)　幼稚園における生活の仕方を知り、自分たちで生活の場を整えながら見通しをもって行動する。
(9)　自分の健康に関心をもち、病気の予防などに必要な活動を進んで行う。
(10)　危険な場所、危険な遊び方、災害時などの行動の仕方が分かり、安全に気を付けて行動する。

3　内容の取扱い
上記の取扱いに当たっては、次の事項に留意する必要がある。
(1)　心と体の健康は、相互に密接な関連があるものであることを踏まえ、幼児が教師や他の幼児との温かい触れ合いの中で自己の存在感や充実感を味わうことなどを基盤として、しなやかな心と体の発達を促すこと。特に、十分に体を動かす気持ちよさを体験し、自ら体を動かそうとする意欲が育つようにすること。
(2)　様々な遊びの中で、幼児が興味や関心、能力に応じて全身を使って活動することにより、体を動かす楽しさを味わい、自分の体を大切にしようとする気持ちが育つようにすること。その際、多様な動きを経験する中で、体の動きを調整するようにすること。
(3)　自然の中で伸び伸びと体を動かして遊ぶことにより、体の諸機能の発達が促されることに留意し、幼児の興味や関心が戸外にも向くようにすること。その際、幼児の動線に配慮した園庭や遊具の配置などを工夫すること。
(4)　健康な心と体を育てるためには食育を通じた望ましい食習慣の形成が大切であることを踏まえ、幼児の食生活の実情に配慮し、和やかな雰囲気の中で教師や他の幼児と食べる喜びや楽しさを味わったり、様々な食べ物への興味や関心をもったりするなどし、食の大切さに気付き、進んで食べようとする気持ちが育つようにすること。
(5)　基本的な生活習慣の形成に当たっては、家庭での生活経験に配慮し、幼児の自立心を育て、幼児が他の幼児と関わりながら主体的な活動を展開する中で、生活に必要な

習慣を身に付け、次第に見通しをもって行動できるようにすること。
(6) 安全に関する指導に当たっては、情緒の安定を図り、遊びを通して安全についての構えを身に付け、危険な場所や事物などが分かり、安全についての理解を深めるようにすること。また、交通安全の習慣を身に付けるようにするとともに、避難訓練などを通して、災害などの緊急時に適切な行動がとれるようにすること。

人間関係
〔他の人々と親しみ、支え合って生活するために、自立心を育て、人と関わる力を養う。〕
1 ねらい
(1) 幼稚園生活を楽しみ、自分の力で行動することの充実感を味わう。
(2) 身近な人と親しみ、関わりを深め、工夫したり、協力したりして一緒に活動する楽しさを味わい、愛情や信頼感をもつ。
(3) 社会生活における望ましい習慣や態度を身に付ける。
2 内容
(1) 先生や友達と共に過ごすことの喜びを味わう。
(2) 自分で考え、自分で行動する。
(3) 自分でできることは自分でする。
(4) いろいろな遊びを楽しみながら物事をやり遂げようとする気持ちをもつ。
(5) 友達と積極的に関わりながら喜びや悲しみを共感し合う。
(6) 自分の思ったことを相手に伝え、相手の思っていることに気付く。
(7) 友達のよさに気付き、一緒に活動する楽しさを味わう。
(8) 友達と楽しく活動する中で、共通の目的を見いだし、工夫したり、協力したりなどする。
(9) よいことや悪いことがあることに気付き、考えながら行動する。
(10) 友達との関わりを深め、思いやりをもつ。
(11) 友達と楽しく生活する中できまりの大切さに気付き、守ろうとする。
(12) 共同の遊具や用具を大切にし、皆で使う。
(13) 高齢者をはじめ地域の人々などの自分の生活に関係の深いいろいろな人に親しみをもつ。
3 内容の取扱い
上記の取扱いに当たっては、次の事項に留意する必要がある。
(1) 教師との信頼関係に支えられて自分自身の生活を確立していくことが人と関わる基盤となることを考慮し、幼児が自ら周囲に働き掛けることにより多様な感情を体験し、試行錯誤しながら諦めずにやり遂げることの達成感や、前向きな見通しをもって自分の力で行うことの充実感を味わうことができるよう、幼児の行動を見守りながら適切な援助を行うようにすること。
(2) 一人一人を生かした集団を形成しながら人と関わる力を育てていくようにすること。その際、集団の生活の中で、幼児が自己を発揮し、教師や他の幼児に認められる体験をし、自分のよさや特徴に気付き、自信をもって行動できるようにすること。
(3) 幼児が互いに関わりを深め、協同して遊ぶようになるため、自ら行動する力を育てるようにするとともに、他の幼児と試行錯誤しながら活動を展開する楽しさや共通の目的が実現する喜びを味わうことができるようにすること。
(4) 道徳性の芽生えを培うに当たっては、基本的な生活習慣の形成を図るとともに、幼児が他の幼児との関わりの中で他人の存在に気付き、相手を尊重する気持ちをもって行動できるようにし、また、自然や身近な動植物に親しむことなどを通して豊かな心情が育つようにすること。特に、人に対する信頼感や思いやりの気持ちは、葛藤やつまずきをも体験し、それらを乗り越えるこ

(5) 集団の生活を通して、幼児が人との関わりを深め、規範意識の芽生えが培われることを考慮し、幼児が教師との信頼関係に支えられて自己を発揮する中で、互いに思いを主張し、折り合いを付ける体験をし、きまりの必要性などに気付き、自分の気持ちを調整する力が育つようにすること。
(6) 高齢者をはじめ地域の人々などの自分の生活に関係の深いいろいろな人と触れ合い、自分の感情や意志を表現しながら共に楽しみ、共感し合う体験を通して、これらの人々などに親しみをもち、人と関わることの楽しさや人の役に立つ喜びを味わうことができるようにすること。また、生活を通して親や祖父母などの家族の愛情に気付き、家族を大切にしようとする気持ちが育つようにすること。

環境
〔周囲の様々な環境に好奇心や探究心をもって関わり、それらを生活に取り入れていこうとする力を養う。〕

1 ねらい
(1) 身近な環境に親しみ、自然と触れ合う中で様々な事象に興味や関心をもつ。
(2) 身近な環境に自分から関わり、発見を楽しんだり、考えたりし、それを生活に取り入れようとする。
(3) 身近な事象を見たり、考えたり、扱ったりする中で、物の性質や数量、文字などに対する感覚を豊かにする。

2 内容
(1) 自然に触れて生活し、その大きさ、美しさ、不思議さなどに気付く。
(2) 生活の中で、様々な物に触れ、その性質や仕組みに興味や関心をもつ。
(3) 季節により自然や人間の生活に変化のあることに気付く。
(4) 自然などの身近な事象に関心をもち、取り入れて遊ぶ。
(5) 身近な動植物に親しみをもって接し、生命の尊さに気付き、いたわったり、大切にしたりする。
(6) 日常生活の中で、我が国や地域社会における様々な文化や伝統に親しむ。
(7) 身近な物を大切にする。
(8) 身近な物や遊具に興味をもって関わり、自分なりに比べたり、関連付けたりしながら考えたり、試したりして工夫して遊ぶ。
(9) 日常生活の中で数量や図形などに関心をもつ。
(10) 日常生活の中で簡単な標識や文字などに関心をもつ。
(11) 生活に関係の深い情報や施設などに興味や関心をもつ。
(12) 幼稚園内外の行事において国旗に親しむ。

3 内容の取扱い
上記の取扱いに当たっては、次の事項に留意する必要がある。
(1) 幼児が、遊びの中で周囲の環境と関わり、次第に周囲の世界に好奇心を抱き、その意味や操作の仕方に関心をもち、物事の法則性に気付き、自分なりに考えることができるようになる過程を大切にすること。また、他の幼児の考えなどに触れて新しい考えを生み出す喜びや楽しさを味わい、自分の考えをよりよいものにしようとする気持ちが育つようにすること。
(2) 幼児期において自然のもつ意味は大きく、自然の大きさ、美しさ、不思議さなどに直接触れる体験を通して、幼児の心が安らぎ、豊かな感情、好奇心、思考力、表現力の基礎が培われることを踏まえ、幼児が自然との関わりを深めることができるよう工夫すること。
(3) 身近な事象や動植物に対する感動を伝え合い、共感し合うことなどを通して自分から関わろうとする意欲を育てるとともに、

様々な関わり方を通してそれらに対する親しみや畏敬の念、生命を大切にする気持ち、公共心、探究心などが養われるようにすること。
(4) 文化や伝統に親しむ際には、正月や節句など我が国の伝統的な行事、国歌、唱歌、わらべうたや我が国の伝統的な遊びに親しんだり、異なる文化に触れる活動に親しんだりすることを通じて、社会とのつながりの意識や国際理解の意識の芽生えなどが養われるようにすること。
(5) 数量や文字などに関しては、日常生活の中で幼児自身の必要感に基づく体験を大切にし、数量や文字などに関する興味や関心、感覚が養われるようにすること。

言葉

〔経験したことや考えたことなどを自分なりの言葉で表現し、相手の話す言葉を聞こうとする意欲や態度を育て、言葉に対する感覚や言葉で表現する力を養う。〕

1 ねらい
(1) 自分の気持ちを言葉で表現する楽しさを味わう。
(2) 人の言葉や話などをよく聞き、自分の経験したことや考えたことを話し、伝え合う喜びを味わう。
(3) 日常生活に必要な言葉が分かるようになるとともに、絵本や物語などに親しみ、言葉に対する感覚を豊かにし、先生や友達と心を通わせる。

2 内容
(1) 先生や友達の言葉や話に興味や関心をもち、親しみをもって聞いたり、話したりする。
(2) したり、見たり、聞いたり、感じたり、考えたりなどしたことを自分なりに言葉で表現する。
(3) したいこと、してほしいことを言葉で表現したり、分からないことを尋ねたりする。
(4) 人の話を注意して聞き、相手に分かるように話す。
(5) 生活の中で必要な言葉が分かり、使う。
(6) 親しみをもって日常の挨拶をする。
(7) 生活の中で言葉の楽しさや美しさに気付く。
(8) いろいろな体験を通じてイメージや言葉を豊かにする。
(9) 絵本や物語などに親しみ、興味をもって聞き、想像をする楽しさを味わう。
(10) 日常生活の中で、文字などで伝える楽しさを味わう。

3 内容の取扱い
上記の取扱いに当たっては、次の事項に留意する必要がある。
(1) 言葉は、身近な人に親しみをもって接し、自分の感情や意志などを伝え、それに相手が応答し、その言葉を聞くことを通して次第に獲得されていくものであることを考慮して、幼児が教師や他の幼児と関わることにより心を動かされるような体験をし、言葉を交わす喜びを味わえるようにすること。
(2) 幼児が自分の思いを言葉で伝えるとともに、教師や他の幼児などの話を興味をもって注意して聞くことを通して次第に話を理解するようになっていき、言葉による伝え合いができるようにすること。
(3) 絵本や物語などで、その内容と自分の経験とを結び付けたり、想像を巡らせたりするなど、楽しみを十分に味わうことによって、次第に豊かなイメージをもち、言葉に対する感覚が養われるようにすること。
(4) 幼児が生活の中で、言葉の響きやリズム、新しい言葉や表現などに触れ、これらを使う楽しさを味わえるようにすること。その際、絵本や物語に親しんだり、言葉遊びなどをしたりすることを通して、言葉が豊かになるようにすること。
(5) 幼児が日常生活の中で、文字などを使いながら思ったことや考えたことを伝える喜

びや楽しさを味わい、文字に対する興味や関心をもつようにすること。

表現
〔感じたことや考えたことを自分なりに表現することを通して、豊かな感性や表現する力を養い、創造性を豊かにする。〕

1 ねらい
(1) いろいろなものの美しさなどに対する豊かな感性をもつ。
(2) 感じたことや考えたことを自分なりに表現して楽しむ。
(3) 生活の中でイメージを豊かにし、様々な表現を楽しむ。

2 内容
(1) 生活の中で様々な音、形、色、手触り、動きなどに気付いたり、感じたりするなどして楽しむ。
(2) 生活の中で美しいものや心を動かす出来事に触れ、イメージを豊かにする。
(3) 様々な出来事の中で、感動したことを伝え合う楽しさを味わう。
(4) 感じたこと、考えたことなどを音や動きなどで表現したり、自由にかいたり、つくったりなどする。
(5) いろいろな素材に親しみ、工夫して遊ぶ。
(6) 音楽に親しみ、歌を歌ったり、簡単なリズム楽器を使ったりなどする楽しさを味わう。
(7) かいたり、つくったりすることを楽しみ、遊びに使ったり、飾ったりなどする。
(8) 自分のイメージを動きや言葉などで表現したり、演じて遊んだりするなどの楽しさを味わう。

3 内容の取扱い
上記の取扱いに当たっては、次の事項に留意する必要がある。
(1) 豊かな感性は、身近な環境と十分に関わる中で美しいもの、優れたもの、心を動かす出来事などに出会い、そこから得た感動を他の幼児や教師と共有し、様々に表現することなどを通して養われるようにすること。その際、風の音や雨の音、身近にある草や花の形や色など自然の中にある音、形、色などに気付くようにすること。
(2) 幼児の自己表現は素朴な形で行われることが多いので、教師はそのような表現を受容し、幼児自身の表現しようとする意欲を受け止めて、幼児が生活の中で幼児らしい様々な表現を楽しむことができるようにすること。
(3) 生活経験や発達に応じ、自ら様々な表現を楽しみ、表現する意欲を十分に発揮させることができるように、遊具や用具などを整えたり、様々な素材や表現の仕方に親しんだり、他の幼児の表現に触れられるよう配慮したりし、表現する過程を大切にして自己表現を楽しめるように工夫すること。

■保育所保育指針（抜粋）
（平成29年告示）

第2章　保育の内容

1　乳児保育に関わるねらい及び内容

(1) 基本的事項

ア　乳児期の発達については、視覚、聴覚などの感覚や、座る、はう、歩くなどの運動機能が著しく発達し、特定の大人との応答的な関わりを通じて、情緒的な絆（きずな）が形成されるといった特徴がある。これらの発達の特徴を踏まえて、乳児保育は、愛情豊かに、応答的に行われることが特に必要である。

イ　本項においては、この時期の発達の特徴を踏まえ、乳児保育の「ねらい」及び「内容」については、身体的発達に関する視点「健やかに伸び伸びと育つ」、社会的発達に関する視点「身近な人と気持ちが通じ合う」及び精神的発達に関する視点「身近なものと関わり感性が育つ」としてまとめ、示している。

ウ　本項の各視点において示す保育の内容は、第1章の2に示された養護における「生命の保持」及び「情緒の安定」に関わる保育の内容と、一体となって展開されるものであることに留意が必要である。

(2) ねらい及び内容

ア　健やかに伸び伸びと育つ

健康な心と体を育て、自ら健康で安全な生活をつくり出す力の基盤を培う。

(ア)　ねらい

① 身体感覚が育ち、快適な環境に心地よさを感じる。

② 伸び伸びと体を動かし、はう、歩くなどの運動をしようとする。

③ 食事、睡眠等の生活のリズムの感覚が芽生える。

(イ)　内容

① 保育士等の愛情豊かな受容の下で、生理的・心理的欲求を満たし、心地よく生活をする。

② 一人一人の発育に応じて、はう、立つ、歩くなど、十分に体を動かす。

③ 個人差に応じて授乳を行い、離乳を進めていく中で、様々な食品に少しずつ慣れ、食べることを楽しむ。

④ 一人一人の生活のリズムに応じて、安全な環境の下で十分に午睡をする。

⑤ おむつ交換や衣服の着脱などを通じて、清潔になることの心地よさを感じる。

(ウ)　内容の取扱い

上記の取扱いに当たっては、次の事項に留意する必要がある。

① 心と体の健康は、相互に密接な関連があるものであることを踏まえ、温かい触れ合いの中で、心と体の発達を促すこと。特に、寝返り、お座り、はいはい、つかまり立ち、伝い歩きなど、発育に応じて、遊びの中で体を動かす機会を十分に確保し、自ら体を動かそうとする意欲が育つようにすること。

② 健康な心と体を育てるためには望ましい食習慣の形成が重要であることを踏まえ、離乳食が完了期へと徐々に移行する中で、様々な食品に慣れるようにするとともに、和やかな雰囲気の中で食べる喜びや楽しさを味わい、進んで食べようとする気持ちが育つようにすること。なお、食物アレルギーのある子どもへの対応については、嘱託医等の指示や協力の下に適切に対応すること。

イ　身近な人と気持ちが通じ合う

受容的・応答的な関わりの下で、何かを伝えようとする意欲や身近な大人との信頼関係を育て、人と関わる力の基盤を

培う。
(ア) ねらい
① 安心できる関係の下で、身近な人と共に過ごす喜びを感じる。
② 体の動きや表情、発声等により、保育士等と気持ちを通わせようとする。
③ 身近な人と親しみ、関わりを深め、愛情や信頼感が芽生える。
(イ) 内容
① 子どもからの働きかけを踏まえた、応答的な触れ合いや言葉がけによって、欲求が満たされ、安定感をもって過ごす。
② 体の動きや表情、発声、喃語等を優しく受け止めてもらい、保育士等とのやり取りを楽しむ。
③ 生活や遊びの中で、自分の身近な人の存在に気付き、親しみの気持ちを表す。
④ 保育士等による語りかけや歌いかけ、発声や喃語等への応答を通じて、言葉の理解や発語の意欲が育つ。
⑤ 温かく、受容的な関わりを通じて、自分を肯定する気持ちが芽生える。
(ウ) 内容の取扱い
上記の取扱いに当たっては、次の事項に留意する必要がある。
① 保育士等との信頼関係に支えられて生活を確立していくことが人と関わる基盤となることを考慮して、子どもの多様な感情を受け止め、温かく受容的・応答的に関わり、一人一人に応じた適切な援助を行うようにすること。
② 身近な人に親しみをもって接し、自分の感情などを表し、それに相手が応答する言葉を聞くことを通して、次第に言葉が獲得されていくことを考慮して、楽しい雰囲気の中での保育士等との関わり合いを大切にし、ゆっくりと優しく話しかけるなど、積極的に言葉

のやり取りを楽しむことができるようにすること。
ウ 身近なものと関わり感性が育つ
身近な環境に興味や好奇心をもって関わり、感じたことや考えたことを表現する力の基盤を培う。
(ア) ねらい
① 身の回りのものに親しみ、様々なものに興味や関心をもつ。
② 見る、触れる、探索するなど、身近な環境に自分から関わろうとする。
③ 身体の諸感覚による認識が豊かになり、表情や手足、体の動き等で表現する。
(イ) 内容
① 身近な生活用具、玩具や絵本などが用意された中で、身の回りのものに対する興味や好奇心をもつ。
② 生活や遊びの中で様々なものに触れ、音、形、色、手触りなどに気付き、感覚の働きを豊かにする。
③ 保育士等と一緒に様々な色彩や形のものや絵本などを見る。
④ 玩具や身の回りのものを、つまむ、つかむ、たたく、引っ張るなど、手や指を使って遊ぶ。
⑤ 保育士等のあやし遊びに機嫌よく応じたり、歌やリズムに合わせて手足や体を動かして楽しんだりする。
(ウ) 内容の取扱い
上記の取扱いに当たっては、次の事項に留意する必要がある。
① 玩具などは、音質、形、色、大きさなど子どもの発達状態に応じて適切なものを選び、その時々の子どもの興味や関心を踏まえるなど、遊びを通して感覚の発達が促されるものとなるように工夫すること。なお、安全な環境の下で、子どもが探索意欲を満たして自由に遊べるよう、身の回りのものにつ

いては、常に十分な点検を行うこと。
② 乳児期においては、表情、発声、体の動きなどで、感情を表現することが多いことから、これらの表現しようとする意欲を積極的に受け止めて、子どもが様々な活動を楽しむことを通して表現が豊かになるようにすること。
(3) 保育の実施に関わる配慮事項
ア 乳児は疾病への抵抗力が弱く、心身の機能の未熟さに伴う疾病の発生が多いことから、一人一人の発育及び発達状態や健康状態についての適切な判断に基づく保健的な対応を行うこと。
イ 一人一人の子どもの生育歴の違いに留意しつつ、欲求を適切に満たし、特定の保育士が応答的に関わるように努めること。
ウ 乳児保育に関わる職員間の連携や嘱託医との連携を図り、第3章に示す事項を踏まえ、適切に対応すること。栄養士及び看護師等が配置されている場合は、その専門性を生かした対応を図ること。
エ 保護者との信頼関係を築きながら保育を進めるとともに、保護者からの相談に応じ、保護者への支援に努めていくこと。
オ 担当の保育士が替わる場合には、子どものそれまでの生育歴や発達過程に留意し、職員間で協力して対応すること。

2 1歳以上3歳未満児の保育に関わるねらい及び内容
(1) 基本的事項
ア この時期においては、歩き始めから、歩く、走る、跳ぶなどへと、基本的な運動機能が次第に発達し、排泄の自立のための身体的機能も整うようになる。つまむ、めくるなどの指先の機能も発達し、食事、衣類の着脱なども、保育士等の援助の下で自分で行うようになる。発声も明瞭になり、語彙も増加し、自分の意思

や欲求を言葉で表出できるようになる。このように自分でできることが増えてくる時期であることから、保育士等は、子どもの生活の安定を図りながら、自分でしようとする気持ちを尊重し、温かく見守るとともに、愛情豊かに、応答的に関わることが必要である。
イ 本項においては、この時期の発達の特徴を踏まえ、保育の「ねらい」及び「内容」について、心身の健康に関する領域「健康」、人との関わりに関する領域「人間関係」、身近な環境との関わりに関する領域「環境」、言葉の獲得に関する領域「言葉」及び感性と表現に関する領域「表現」としてまとめ、示している。
ウ 本項の各領域において示す保育の内容は、第1章の2に示された養護における「生命の保持」及び「情緒の安定」に関わる保育の内容と、一体となって展開されるものであることに留意が必要である。
(2) ねらい及び内容
ア 健康
健康な心と体を育て、自ら健康で安全な生活をつくり出す力を養う。
(ア) ねらい
① 明るく伸び伸びと生活し、自分から体を動かすことを楽しむ。
② 自分の体を十分に動かし、様々な動きをしようとする。
③ 健康、安全な生活に必要な習慣に気付き、自分でしてみようとする気持ちが育つ。
(イ) 内容
① 保育士等の愛情豊かな受容の下で、安定感をもって生活をする。
② 食事や午睡、遊びと休息など、保育所における生活のリズムが形成される。
③ 走る、跳ぶ、登る、押す、引っ張るなど全身を使う遊びを楽しむ。
④ 様々な食品や調理形態に慣れ、ゆっ

たりとした雰囲気の中で食事や間食を楽しむ。
⑤ 身の回りを清潔に保つ心地よさを感じ、その習慣が少しずつ身に付く。
⑥ 保育士等の助けを借りながら、衣類の着脱を自分でしようとする。
⑦ 便器での排泄に慣れ、自分で排泄ができるようになる。

(ウ) 内容の取扱い
上記の取扱いに当たっては、次の事項に留意する必要がある。
① 心と体の健康は、相互に密接な関連があるものであることを踏まえ、子どもの気持ちに配慮した温かい触れ合いの中で、心と体の発達を促すこと。特に、一人一人の発育に応じて、体を動かす機会を十分に確保し、自ら体を動かそうとする意欲が育つようにすること。
② 健康な心と体を育てるためには望ましい食習慣の形成が重要であることを踏まえ、ゆったりとした雰囲気の中で食べる喜びや楽しさを味わい、進んで食べようとする気持ちが育つようにすること。なお、食物アレルギーのある子どもへの対応については、嘱託医等の指示や協力の下に適切に対応すること。
③ 排泄の習慣については、一人一人の排尿間隔等を踏まえ、おむつが汚れていないときに便器に座らせるなどにより、少しずつ慣れさせるようにすること。
④ 食事、排泄、睡眠、衣類の着脱、身の回りを清潔にすることなど、生活に必要な基本的な習慣については、一人一人の状態に応じ、落ち着いた雰囲気の中で行うようにし、子どもが自分でしようとする気持ちを尊重すること。また、基本的な生活習慣の形成に当たっては、家庭での生活経験に配慮し、家庭との適切な連携の下で行うようにすること。

イ 人間関係
他の人々と親しみ、支え合って生活するために、自立心を育て、人と関わる力を養う。
(ア) ねらい
① 保育所での生活を楽しみ、身近な人と関わる心地よさを感じる。
② 周囲の子ども等への興味や関心が高まり、関わりをもとうとする。
③ 保育所の生活の仕方に慣れ、きまりの大切さに気付く。
(イ) 内容
① 保育士等や周囲の子ども等との安定した関係の中で、共に過ごす心地よさを感じる。
② 保育士等の受容的・応答的な関わりの中で、欲求を適切に満たし、安定感をもって過ごす。
③ 身の回りに様々な人がいることに気付き、徐々に他の子どもと関わりをもって遊ぶ。
④ 保育士等の仲立ちにより、他の子どもとの関わり方を少しずつ身につける。
⑤ 保育所の生活の仕方に慣れ、きまりがあることや、その大切さに気付く。
⑥ 生活や遊びの中で、年長児や保育士等の真似をしたり、ごっこ遊びを楽しんだりする。
(ウ) 内容の取扱い
上記の取扱いに当たっては、次の事項に留意する必要がある。
① 保育士等との信頼関係に支えられて生活を確立するとともに、自分で何かをしようとする気持ちが旺盛になる時期であることに鑑み、そのような子どもの気持ちを尊重し、温かく見守るとともに、愛情豊かに、応答的に関わり、

適切な援助を行うようにすること。
② 思い通りにいかない場合等の子どもの不安定な感情の表出については、保育士等が受容的に受け止めるとともに、そうした気持ちから立ち直る経験や感情をコントロールすることへの気付き等につなげていけるように援助すること。
③ この時期は自己と他者との違いの認識がまだ十分ではないことから、子どもの自我の育ちを見守るとともに、保育士等が仲立ちとなって、自分の気持ちを相手に伝えることも相手の気持ちに気付くことの大切さなど、友達の気持ちや友達との関わり方を丁寧に伝えていくこと。

ウ 環境
周囲の様々な環境に好奇心や探究心をもって関わり、それらを生活に取り入れていこうとする力を養う。

（ア） ねらい
① 身近な環境に親しみ、触れ合う中で、様々なものに興味や関心をもつ。
② 様々なものに関わる中で、発見を楽しんだり、考えたりしようとする。
③ 見る、聞く、触るなどの経験を通して、感覚の働きを豊かにする。

（イ） 内容
① 安全で活動しやすい環境での探索活動等を通して、見る、聞く、触れる、嗅ぐ、味わうなどの感覚の働きを豊かにする。
② 玩具、絵本、遊具などに興味をもち、それらを使った遊びを楽しむ。
③ 身の回りの物に触れる中で、形、色、大きさ、量などの物の性質や仕組みに気付く。
④ 自分の物と人の物の区別や、場所的感覚など、環境を捉える感覚が育つ。
⑤ 身近な生き物に気付き、親しみをもつ。
⑥ 近隣の生活や季節の行事などに興味や関心をもつ。

（ウ） 内容の取扱い
上記の取扱いに当たっては、次の事項に留意する必要がある。
① 玩具などは、音質、形、色、大きさなど子どもの発達状態に応じて適切なものを選び、遊びを通して感覚の発達が促されるように工夫すること。
② 身近な生き物との関わりについては、子どもが命を感じ、生命の尊さに気付く経験へとつながるものであることから、そうした気付きを促すような関わりとなるようにすること。
③ 地域の生活や季節の行事などに触れる際には、社会とのつながりや地域社会の文化への気付きにつながるものとなることが望ましいこと。その際、保育所内外の行事や地域の人々との触れ合いなどを通して行うこと等も考慮すること。

エ 言葉
経験したことや考えたことなどを自分なりの言葉で表現し、相手の話す言葉を聞こうとする意欲や態度を育て、言葉に対する感覚や言葉で表現する力を養う。

（ア） ねらい
① 言葉遊びや言葉で表現する楽しさを感じる。
② 人の言葉や話などを聞き、自分でも思ったことを伝えようとする。
③ 絵本や物語等に親しむとともに、言葉のやり取りを通じて身近な人と気持ちを通わせる。

（イ） 内容
① 保育士等の応答的な関わりや話しかけにより、自ら言葉を使おうとする。
② 生活に必要な簡単な言葉に気付き、聞き分ける。

③ 親しみをもって日常の挨拶に応じる。
④ 絵本や紙芝居を楽しみ、簡単な言葉を繰り返したり、模倣をしたりして遊ぶ。
⑤ 保育士等とごっこ遊びをする中で、言葉のやり取りを楽しむ。
⑥ 保育士等を仲立ちとして、生活や遊びの中で友達との言葉のやり取りを楽しむ。
⑦ 保育士等や友達の言葉や話に興味や関心をもって、聞いたり、話したりする。

(ウ) 内容の取扱い

上記の取扱いに当たっては、次の事項に留意する必要がある。

① 身近な人に親しみをもって接し、自分の感情などを伝え、それに相手が応答し、その言葉を聞くことを通して、次第に言葉が獲得されていくものであることを考慮して、楽しい雰囲気の中で保育士等との言葉のやり取りができるようにすること。
② 子どもが自分の思いを言葉で伝えるとともに、他の子どもの話などを聞くことを通して、次第に話を理解し、言葉による伝え合いができるようになるよう、気持ちや経験等の言語化を行うことを援助するなど、子ども同士の関わりの仲立ちを行うようにすること。
③ この時期は、片言から、二語文、ごっこ遊びでのやり取りができる程度へと、大きく言葉の習得が進む時期であることから、それぞれの子どもの発達の状況に応じて、遊びや関わりの工夫など、保育の内容を適切に展開することが必要であること。

オ 表現

感じたことや考えたことを自分なりに表現することを通して、豊かな感性や表現する力を養い、創造性を豊かにする。

(ア) ねらい
① 身体の諸感覚の経験を豊かにし、様々な感覚を味わう。
② 感じたことや考えたことなどを自分なりに表現しようとする。
③ 生活や遊びの様々な体験を通して、イメージや感性が豊かになる。

(イ) 内容
① 水、砂、土、紙、粘土など様々な素材に触れて楽しむ。
② 音楽、リズムやそれに合わせた体の動きを楽しむ。
③ 生活の中で様々な音、形、色、手触り、動き、味、香りなどに気付いたり、感じたりして楽しむ。
④ 歌を歌ったり、簡単な手遊びや全身を使う遊びを楽しんだりする。
⑤ 保育士等からの話や、生活や遊びの中での出来事を通して、イメージを豊かにする。
⑥ 生活や遊びの中で、興味のあることや経験したことなどを自分なりに表現する。

(ウ) 内容の取扱い

上記の取扱いに当たっては、次の事項に留意する必要がある。

① 子どもの表現は、遊びや生活の様々な場面で表出されているものであることから、それらを積極的に受け止め、様々な表現の仕方や感性を豊かにする経験となるようにすること。
② 子どもが試行錯誤しながら様々な表現を楽しむことや、自分の力でやり遂げる充実感などに気付くよう、温かく見守るとともに、適切に援助を行うようにすること。
③ 様々な感情の表現等を通じて、子どもが自分の感情や気持ちに気付くようになる時期であることに鑑み、受容的な関わりの中で自信をもって表現をす

ることや、諦めずに続けた後の達成感等を感じられるような経験が蓄積されるようにすること。
　　④　身近な自然や身の回りの事物に関わる中で、発見や心が動く経験が得られるよう、諸感覚を働かせることを楽しむ遊びや素材を用意するなど保育の環境を整えること。
　(3)　保育の実施に関わる配慮事項
　　ア　特に感染症にかかりやすい時期であるので、体の状態、機嫌、食欲などの日常の状態の観察を十分に行うとともに、適切な判断に基づく保健的な対応を心がけること。
　　イ　探索活動が十分できるように、事故防止に努めながら活動しやすい環境を整え、全身を使う遊びなど様々な遊びを取り入れること。
　　ウ　自我が形成され、子どもが自分の感情や気持ちに気付くようになる重要な時期であることに鑑み、情緒の安定を図りながら、子どもの自発的な活動を尊重するとともに促していくこと。
　　エ　担当の保育士が替わる場合には、子どものそれまでの経験や発達過程に留意し、職員間で協力して対応すること。

◆執筆者紹介　（執筆順）

金　美珍（きむ・みじん）　　　　　　　　　　　　　　　［第1章］
　　埼玉純真短期大学専任講師
髙橋弥生（たかはし・やよい）　　　　　　　　　　　　　［第2章］
　　目白大学教授
加藤達雄（かとう・たつお）　　　　　　　　　　　　　　［第3章］
　　常磐会学園大学教授
大﨑利紀子（おおさき・りきこ）　　　　　　　　　　　　［第4章］
　　横浜高等教育専門学校専任教員
野川智子（のがわ・ともこ）　　　　　　　　　　　　　　［第5章］
　　NPO法人子どもの生活科学研究会理事・事務局長
橘田重男（きった・しげお）　　　　　　　　　　　　　　［第6章］
　　静岡福祉大学講師
三森桂子（みつもり・けいこ）　　　　　　　　　　　　　［第7章］
　　目白大学教授
おかもとみわこ　　　　　　　　　　　　　　　　　　　　［第8章］
　　目白大学教授
後田紀子（うしろだ・のりこ）　　　　　　　　　　　　　［第9章］
　　松蔭大学准教授
西島〈黒田〉宣代（にしじま〈くろだ〉・のぶよ）　　　　［第10章］
　　中九州短期大学准教授
伊藤かおり（いとう・かおり）　　　　　　　　　　　　　［第11章］
　　帝京平成大学准教授
野末晃秀（のずえ・あきひで）　　　　　　　　　　　　　［第12章］
　　帝京科学大学非常勤講師

現現代保育内容研究シリーズ②

保育の内容と方法

2018年2月28日　初版第1刷発行

編　者　現代保育問題研究会
発行者　菊池公男

発行所　株式会社 一藝社
〒160-0014 東京都新宿区内藤町1-6
Tel. 03-5312-8890　Fax. 03-5312-8895
E-mail : info@ichigeisha.co.jp
HP : http://www.ichigeisha.co.jp
振替　東京 00180-5-350802
印刷・製本　モリモト印刷株式会社

©gendaihoikumondaikenkyuukai 2018 Printed in Japan
ISBN 978-4-86359-171-4 C3037
乱丁・落丁本はお取替えいたします。